AF233176

LE

DROIT DE RÉUNION

ET

LA LOI DU 6 JUIN 1868

LE
DROIT DE RÉUNION

ET LA LOI DU 6 JUIN 1868

PAR

ANDRÉ ROUSSELLE

avocat à la Cour de Paris

PRÉCÉDÉS D'UNE PRÉFACE

DE

M. JULES SIMON

Donner et retenir ne vaut.

(VIEUX BROCARD)

—◦◦⦚◦◦—

PARIS

DEGORCE-CADOT, ÉDITEUR

70 bis, rue Bonaparte, 70 bis

1870

—

PREFACE

Il me semble qu'on fait en ce moment
un peu de bruit dans la rue. Fermons la
fenêtre, si vous le voulez bien, et tâchons
de parler en personnes sensées et de juger
la situation avec sang-froid.

Le 19 janvier 1867, le chef de l'Etat fit
un de ses discours à surprises, et nous
donna, entre autres choses, le droit de
réunion. Les amis de la liberté totale, et
par conséquent de toutes les libertés, ac-
cueillirent volontiers celle-là en attendant
les autres ; les profonds politiques, qui
avaient cru à la perpétuité du pouvoir
personnel, remercièrent tout haut, comme
c'était leur devoir, et se dirent tout bas
qu'on allait revoir les clubs de 1793.

Ils se promirent, quand le moment serait venu, de garrotter si bien la liberté nouvelle que nous n'en aurions que le nom. On peut voir, en lisant la loi, qu'ils se sont tenu parole. Parmi les précautions qu'ils ont prises, je n'en signalerai que deux, parce qu'on lira le commentaire de M. André Rousselle où rien n'est omis. La première, c'est l'interdiction de parler politique, excepté pendant les quinze jours de la période électorale; la seconde, c'est le droit conféré aux commissaires de police d'avertir les orateurs et de dissoudre les réunions. On crut qu'avec cela on n'avait plus rien à craindre de la tribune populaire, et peut-être même eut-on dès lors la pensée de transformer ce terrible droit de réunion en instrument de règne, et de s'en servir pour évoquer à volonté le spectre rouge.

La loi sur les réunions publiques a produit trois effets depuis sa promulgation : d'abord des réunions publiques qui sont

des réunions publiques, ensuite des réunions publiques qui ne sont que des cours
publics, et enfin des réunions privées.
Elle n'a pas, bien entendu, créé les réunions privées, mais elle en a inspiré le
goût et provoqué l'usage. C'est l'unique
moyen qui nous reste d'échapper au voi-
sinage du commissaire de police, et de
parler politique plus souvent que tous les
six ans, et plus longtemps que pendant
quinze jours. Ces réunions ont, du reste,
la même importance que les autres, et
tiennent autant de place dans les journaux. La réunion de la barrière de Clichy,
où l'on prétend que j'ai été condamné en
compagnie de MM. Pelletan, Bancel et
Ferry, était une réunion privée, dont les
organisateurs avaient choisi et trié leur
personnel.

Les réunions publiques et privées n'e-
xistent que depuis un an, et cependant
elles ont une histoire, qui se résume ainsi
dans l'imagination des peureux :

Elles ont débuté par une insurrection violente contre Dieu. Dans les premiers mois, il fallait être athée ou matérialiste pour être écouté avec faveur. Le communisme est venu presque en même temps sous la forme de guerre au capital ; on disait, au milieu des applaudissements : nous n'avons ni pain, ni habits ! Les femmes aussi ont eu leur moment : la revendication des droits de la femme ! Puis les élections ont amené l'envahissement de la politique, qui d'abord ne s'est pas montrée trop farouche.

On voulait des irréconciliables ; mais depuis longtemps les candidats et les électeurs parisiens étaient irréconciliables sans le dire. On reprochait au gouvernement son budget de trois milliards, son armée de huit cent mille hommes, ses folles expéditions, ses scandales financiers, son abandonnement au clergé et à la cour de Rome, la restauration très-effective de la censure, les déportations en masse, la loi des suspects. Les élections faites par les réunions publiques ne différèrent pas sensiblement des élections faites il y a six ans par les journaux. Jules Favre fut nommé contre Rochefort, et Garnier-Pagès contre Raspail. Il y de cela tout juste six mois. C'est bien peu que six mois, en temps ordinaire. Dans ces six mois, la politique des clubs a fait pour six ans de chemin. On s'occupe moins du gouvernement, et beaucoup plus des hommes de 1848 ; on les attaque comme s'ils étaient au moment de revenir, ou même comme s'ils étaient déjà revenus. Les députés de l'opposition, si acclamés au mois de mai, n'ont pas plus de prestige qu'un sénateur ou un ministre. Bancel est un suspect, Gambetta un traître. Quand la gauche demande la suppression des armées permanentes, l'abolition des octrois, la séparation des Églises et de l'État, l'élection des maires, la responsabilité de tous les fonctionnaires sans exception, la réforme de la magistrature, la liberté totale des réunions et de la presse, on fait fi de réclamations si peu importantes. Les cent seize en diraient autant ! Les Arcadiens signeraient ce programme ! Trois choses sont indispensables à l'heure qu'il est pour faire figure dans les réunions populaires : demander la liquidation, accepter le mandat impératif avec démission annale, et se déclarer prêt à descendre dans la rue à la première réquisition. Acceptez-vous ces conditions ? Que vous ayez ou non prêté serment, vous passez candidat inassermenté, et par conséquent favori. On voit si, devant les inassermentés de novembre, les irréconciliables de mai sont autre chose que des rétrogrades et des endormeurs. Je dis devant les inassermentés, je devrais dire devant les inventeurs et les prôneurs de cette inhabile stratégie, car les chefs ont été plus sages et plus clairvoyants que les soldats.

Au moment où j'écris ces lignes, c'est-à-dire à la veille même du scrutin, tout le monde se demande combien de voix va rallier cette nouvelle forme de l'abstention. Personne ne doute qu'elle n'ait fait de grands progrès dans la population, et on en conclut que Paris change trop rapidement d'opinion ; qu'il se laisse conduire par des esprits peu éclairés ; qu'il s'engoue de doctrines également folles et dangereuses, et que les réunions publiques sont le moyen par lequel ces doctrines se répandent. Telle est l'histoire des clubs écrite par les peureux avec un peu de vérité et beaucoup d'exagération ; et voici la déplorable conclusion qu'ils en tirent : ils crient très-haut : — puisque nous sommes incapables de la liberté, revenons au gouvernement personnel, — comme ce philosophe disait autrefois : qu'on me ramène aux carrières.

Mais, citoyens, avant de retourner aux carrières, c'est-à-dire au despotisme, il faut se demander si les faits sont exacts, s'ils peuvent être expliqués et s'ils peuvent être corrigés.

D'abord sont-ils exacts ?

On peut dire que les faits sont exacts, et que le tableau n'est pas ressemblant, parce qu'on nous parle sans cesse des réunions qui effraient, et jamais de celles qui rassurent. J'ai assisté pour ma part à des réunions très-calmes, très-bien dirigées, où les questions étaient traitées sérieusement par des orateurs compétents, et quelquefois par des ouvriers pleins de bon sens et d'éloquence. C'est peut-être l'exception aujourd'hui, ce sera la règle demain. Une institution comme celle des réunions publiques ne s'organise pas en un jour. C'est une école, et dans cette école, il n'y a encore que des commençants. Je demande à dire aussi qu'en comparant ce que j'ai vu avec ce que j'ai lu, j'ai le droit de conclure qu'on exagère singulièrement les scènes de tumulte, et que les reporters visent à l'effet.

Quand je suis allé, avec trois de mes collègues, à la réunion de la barrière de Clichy, on a dit que nous avions comparu devant un tribunal révolutionnaire, et que nous y avions été insultés et condamnés. La vérité est beaucoup moins tragique. Nous sommes allés de propos délibéré au milieu de nos ennemis et des organisateurs de la démonstration du 26 octobre, pour leur dire qu'il n'y avait rien de commun entre eux et nous, entre leurs doctrines et les nôtres, entre leurs projets d'émeute et la revendication que nous comptons faire à la tribune des droits de la liberté. Nous n'avons comparu devant personne, nous n'avons pas vu de tribunal révolutionnaire, nous n'avons assisté à aucune délibération, nous n'avons pas été condamnés et surtout nous n'avons pas été insultés. Les récits qu'on a publiés sont de la fantaisie pure et simple; j'avoue qu'ils sont spirituels, et qu'ils font honneur à l'imagination et à la verve des rédacteurs. Rue de Lyon, c'est encore mieux.

Si je croyais les bruits qui en ont couru, je serais le véritable auteur de la proposition Kératry. Je l'aurais tout simplement ajournée. J'aurais supplié deux mille honnêtes citoyens, dont quinze cents pour le moins m'étaient inconnus, de se joindre à moi pour préparer la guerre civile, et de m'en garder le secret. J'aurais, par la même occasion, accepté le mandat impératif. Que l'on fasse de tels récits, je ne m'en étonne pas après trente ans de vie politique ; mais qu'ils trouvent créance, même dans les journaux sérieux, je m'en étonne encore un peu, je l'avoue ; et plus je m'en étonne, plus je suis autorisé par mon expérience personnelle, à dire qu'il ne faut pas croire tout ce qu'on raconte.

Non-seulement les violents ne sont pas aussi violents qu'on les fait, mais ils ne sont pas aussi violents qu'ils croient l'être. Ce sont des acteurs en représentation, qui crient pour forcer les applaudissements, et parce qu'ils n'ont pas l'habitude des planches. Le commissaire qui est là tout près d'eux, et qui peut à chaque instant leur imposer silence ou leur faire un procès, agit sur leurs nerfs comme un défi sur un homme brave. Avant tout, on ne veut pas paraître avoir peur. C'était la même chose dans les journaux sous le régime de la suppression arbitraire : il était moins question d'avoir raison et de le démontrer avec force, que de risquer l'amende et la prison à l'aide de sous-entendus. Il y a là pour l'acteur (je demande pardon du mot) et pour le public un attrait irrésistible. Léotard faisant ses évolutions à un mètre de terre, n'attirerait pas vingt spectateurs. C'est surtout pour la presse et la parole, qu'en créant la répression on crée le délit.

Et il restera encore à compter le nombre des violents. Est-ce tout Paris ? Est-ce tout le Paris qui a voté pour l'opposition au mois de juin ? N'est ce pas plutôt une minorité qui succombe au scrutin, qui brille dans les réunions parce qu'elle s'y multiplie, qui passe pour nombreuse parce qu'elle est bruyante, et qui s'impose aux imbéciles, non en les persuadant, mais en les effrayant ? Je prends pour preuve le 26 octobre. Si la majorité de Paris, ou même une minorité sérieuse avait voulu l'émeute, est-ce le manifeste de la gauche, est-ce la réunion de la rue de Clichy, est-ce le courage de quelques députés bravant l'impopularité pour faire leur devoir, qui eût arrêté le mouvement ? Non-seulement Paris ne voulait pas de journée, mais les réunions n'en voulaient pas. Les conseils de modération et de prudence y étaient populaires. Toute la France voulait la paix, et tout Paris, à l'exception peut-être du groupe des insermentés, la voulait aussi.

Décidément, nous avons trop souvent et trop facilement peur : c'est ce qui fait de nous une matière si bien préparée pour les coups d'Etat. S'il faut condamner le communisme, l'intolérance politique et

relig'euse, les épurations et les proscrip-
tions, les appels incessants à l'insurrection
et à la violence, les friperies démago-
giques empruntées aux souvenirs de la
commune de Paris et du tribunal révolutionnaire, condamnons-les avec la dernière énergie, ou plutôt, faisons mieux,
réfutons-les, et ne nous croyons pas, parce
qu'il y a au milieu de nous des brouillons
et des énergumènes, obligés de renoncer
aux principes et de renier la liberté.
Abandonner son opinion parce qu'elle est
poursuivie et condamnée par le pouvoir,
c'est une lâcheté ; y renoncer parce qu'une
institution libérale ne réussit pas du premier coup, avoir peur des mots, avoir
peur de la folie quand on est le bon sens,
en est-ce une moindre? L'épreuve est incomplète, et la loi est mal faite. Appe-
lons-en à une liberté plus ample. Pourquoi portons-nous le nom de libéraux, si
nous n'avons pas foi dans la liberté ; et
pourquoi celui de philosophes, si nous ne

croyons pas à la toute-puissance de la vérité et de la raison ?

Nous ressemblons à un malade, à qui le moindre bruit fait mal, après une longue période de silence et d'épuisement. Je voudrais que ces délicats, ces effarouchés, ces trembleurs se trouvassent tout à coup, par un coup de baguette, transportés en Amérique. C'est là qu'on fait du bruit, qu'on remue toutes les questions, qu'on patronne toutes les extravagances, qu'on injurie tous les honnêtes gens. Et la fin ? La fin, c'est que la vérité se fait jour, et que, de toutes ces voix confuses, sort la grande et puissante voix de la raison, qui domine toutes les autres. La vérité n'a jamais tort. La raison n'est jamais vaincue. La liberté n'est périlleuse que quand elle est incomplète.

Le parti de la peur voudrait renoncer à la liberté, à cause des réunions, ou fermer les réunions, parce qu'elles font du

bruit ? Il faut au contraire les émanciper ;
— et du même coup, il sera bon d'émanciper aussi l'éducation à tous ses degrés,
et de faire des hommes, pour faire un
peuple.

Paris, le 20 novembre 1869.

JULES SIMON.

LE
DROIT DE RÉUNION

ET LA

LOI DU 6 JUIN 1868

I

HISTORIQUE

Le droit de réunion est une des libertés inalié-
nables, proclamées par nos pères de 1789.

Il est une des conditions indispensables de la
vie de l'homme en société.

Sans lui, il n'y a pas de souveraineté populaire
sérieuse ; sans lui, le suffrage universel n'est qu'un
vain mot.

La nation ne sera réellement maîtresse de ses
destinées, que le jour où elle pourra se réunir librement, pour discuter sans entraves ses intérêts politiques, ses intérêts sociaux, ses intérêts moraux.

Il n'y aura de représentation nationale sincère,
dévouée, active, efficace, que lorsque les électeurs
pourront interroger publiquement leurs mandataires,

et soumettre à une libre critique leurs doctrines et leurs actes.

En attendant que ce droit primordial, essentiel, inaliénable de réunion nous soit restitué, ou que nous l'ayons reconquis par les efforts de notre civisme, voyons quel parti les citoyens peuvent tirer de l'inquiète, jalouse et imparfaite loi de juin 1868 sur les réunions publiques.

Nous venons de dire que le droit de réunion constitue une liberté primordiale, essentielle, inaliénable.

Sous l'ancien régime, où la volonté du prince était la suprême loi, il ne pouvait être question ni de droit ni de liberté, dans le sens moderne que ces mots comportent aujourd'hui. Le bon plaisir du monarque n'avait d'autres règles que celles qu'il lui plaisait de s'imposer à lui-même. Les sujets français ne possédaient que le droit d'obéir, et la liberté de payer de lourds et nombreux impôts.

Cependant, les ordonnances ne défendaient que « les assemblées illicites, faites en mauvais dessein « et dans un certain nombre. »

Les jurisconsultes prétendaient dans leurs écrits, « que toute assemblée, qui ne se fait pas dans le « dessein de porter aucun trouble ou dommage en- « vers quelqu'un, » ne devait pas être punie. Les réunions organisées « sous prétexte de religion » étaient considérées comme les plus dangereuses, et à ce titre prohibées d'une manière absolue. Les questions purement religieuses soulevaient alors des questions autrement ardentes que de nos jours. L'histoire nous apprend qu'elles sont fréquemment devenues une cause de dangers pour la sécurité publique.

Quant aux réunions qui auraient pu se former pour discuter des intérêts politiques ou sociaux, qui aurait eu l'audace même de concevoir la pensée de telles réunions ? On était rivé de si près à sa chaîne qu'on ne songeait pas à lever les yeux vers ses maîtres ! En l'absence de toute loi prohibitive, l'autorité n'était pas désarmée ; car rien ne faisait obstacle à ce qu'elle pût empêcher ou dissoudre les réunions, qui se seraient formées contre son gré.

Le droit de réunion n'était donc pas plus reconnu que dénié : il était ignoré.

Ce droit, les géants de 1789 n'avaient eu garde de l'omettre dans la fameuse *Déclaration des droits de l'homme et du citoyen*, cette admirable et incomparable charte de l'humanité.

Le 13 novembre 1790, un décret de l'assemblée constituante posa en principe, que tous les citoyens *avaient le droit* « de s'assembler paisiblement » et de former entre eux des sociétés libres, à la charge d'observer les lois de droit commun.

La constitution du 3 septembre 1791 *garantit* à tous les citoyens, comme *droit naturel et civil*, la liberté « de s'assembler paisiblement et sans ar- « mes, » en se conformant aux lois de police.

La loi du 13 juin 1793 alla plus loin, en disposant « qu'il était fait défense aux autorités constituées « de troubler les citoyens dans le droit de se réu- « nir en société populaire. » Et pour que cette équitable, libérale et virile disposition ne demeurât pas une lettre morte, la loi du 25 juillet de la même année prononça, contre quiconque empêcherait les sociétés populaires de se réunir ou tenterait de les dissoudre, la peine de dix années de fers, s'il s'a- gissait d'un fonctionnaire, et celle de cinq années, s'il s'agissait d'un simple particulier.

C'est à ces lois, protectrices du droit des ci- toyens, qu'est due l'influence directement exercée par l'opinion publique sur les affaires de la nation, pendant tout le temps que dura cette admirable pé- riode de notre histoire.

Malgré l'importance, en ce qui concerne le droit de réunion, des lois du 13 juin et du 25 juillet 1793, l'auteur de l'*Exposé des motifs* de la loi du 6 juin 1868, sur les réunions publiques, a omis, dans son historique du droit de réunion, de les signaler, même en passant. Il a craint, sans doute, qu'on ne s'aperçût du contraste par trop choquant qui existe entre l'esprit des deux époques. Les citoyens, qui ont encore conservé quelque sentiment de dignité, ne peuvent que le remercier de leur avoir épargné, par cette attention délicate, une nouvelle humilia- tion. Il leur eût été trop pénible de mesurer tout le chemin que nous avons parcouru, depuis notre grande révolution.

Les abus inséparables d'un premier essai de liberté, chez un peuple courbé jusque-là sous le joug d'un lourd despotisme, amenèrent une réaction malheureusement difficile à éviter.

Au lendemain de la promulgation de la constitution du 5 thermidor an III, prohibant les *sociétés populaires* et interdisant les *réunions publiques* de sociétés particulières s'occupant de questions politiques, les clubs et les sociétés populaires furent dissous.

Ce n'était pas le législateur de 1810 qui pouvait être favorable au droit d'association et par suite au droit de réunion, qui en est la conséquence. A cette époque, la France était gouvernée par un maître, devant lequel chacun courbait docilement et servilement la tête. L'autorité avait remplacé la liberté, et les citoyens étaient devenus des sujets. Au lieu de la surexcitation saine et fortifiante provenant d'une exubérance d'activité, on éprouvait la torpeur avilissante et dégradante qu'engendre l'inertie. Le mouvement et la vie inspiraient une véritable terreur; on avait soif d'obéir et de servir. Jamais l'abdication de la dignité humaine n'avait été portée à ce degré. La France était véritablement malade.

Aussi ne faut-il pas s'étonner d'entendre un orateur du Corps législatif d'alors parler des « déplo-« rables souvenirs » laissés par la liberté. « Quel « est celui d'entre nous, s'écriait-il, qui n'a été la « victime ou le témoin de ces assemblées délibé-

« rantes, où l'assassinat et la révolte étaient
« sans cesse à l'ordre du jour ; qui, s'étant établies
« pour surveiller les autorités, les *contrariaient*
« dans leurs résultats les plus sérieux et les plus
« justes, et organisaient ainsi l'anarchie dans toute
« la France ? Elles ne se rouvriront plus. »

On sait à quel degré d'abaissement et de misère
ces belles théories autoritaires du premier empire
conduisirent la France de la révolution. Jamais la
vie humaine ne fut moins respectée, que sous le
gouvernement de celui, qui a immolé des hécatombes
de travailleurs pour la vaine satisfaction d'une ambition stérile. Jamais l'ordre véritable, qui consiste
uniquement dans le respect absolu des droits de
chacun et de tous, n'a été aussi audacieusement et si
scandaleusement troublé et foulé aux pieds par la
force trop longtemps triomphante !

C'est au régime, qui nous a valu Waterloo et les
deux invasions, qu'est dû l'art. 291 du code pénal.

On s'est demandé, sous la restauration, si la
charte de 1814 n'avait pas abrogé cet article 291.
La cour de cassation, qui inclinait plus du côté du
pouvoir que du côté des citoyens, repoussa avec
horreur une pareille hypothèse.

La royauté de juillet, cette *meilleure des républi-
ques*, à en croire Lafayette, ne trouva pas l'article
291 suffisant pour la protéger contre l'estime et
l'amour de ses *sujets* Elle imagina la loi du 10
avril 1834, qui compléta les précautions prises par

le premier empire contre les libertés des citoyens.

Il est étrange de voir tous les gouvernements monarchiques, — qui n'ont de raison d'être qu'à la condition d'assurer et de garantir la vie, la liberté et la fortune des citoyens, — commencer ou finir le plus souvent par porter une grave atteinte à ces biens si précieux. Mettraient-ils leurs intérêts personnels, ou les intérêts plus ou moins bien entendus de leur dynastie, au dessus de la prospérité, de la grandeur et de la liberté de la patrie commune ? C'est à l'histoire de répondre.

Quoi qu'il en soit, c'est aux fautes des gouvernements qu'il faut attribuer les événements libérateurs de 1789, 1815, 1830, 1848. Si nos gouvernants n'avaient pas fait la sourde oreille aux légitimes revendications de l'opinion publique ; s'ils n'avaient pas prétendu substituer leurs caprices personnels aux volontés clairement manifestées de la nation, Louis XVI, Napoléon Ier, Charles X et Louis-Philippe n'auraient pas fini aussi misérablement.

En 1847, le droit d'association n'existait pas plus qu'aujourd'hui. Seulement, en ce qui concerne le droit de réunion, les jurisconsultes, qui ne s'étaient pas inféodés à la dynastie et qui faisaient passer avant toute autre considération les intérêts matériels, intellectuels et moraux du pays, se demandaient très sérieusement si ce droit n'avait pas survécu, malgré la constitution du 5 thermidor an III, malgré l'art. 291 du code pénal, malgré la loi du 10 avril 1834.

Tous les libéraux soutenaient que le droit de réunion n'avait pas été atteint par ces lois, et qu'il était demeuré entier comme en 1791. Les ministériels pouvaient difficilement combattre cette prétention. Ils imaginèrent alors d'appliquer aux *réunions politiques*, l'art. 3 du titre II de la loi des 16-24 août 1790, ainsi conçu : « Les objets de po-« lice confiés à la vigilance et à l'autorité des « corps municipaux sont tout ce qui intéresse la « sûreté et la commodité... § 2. — Le soin de ré-« primer, de punir les délits contre la tranquillité « publique, tels que les rixes, les disputes accom-« pagnées d'ameutement dans la rue, le tumulte « excité dans *les lieux d'assemblées publiques*, les « bruits, les attroupements nocturnes qui trou-« blent le repos des citoyens... § 3. — Le main-« tien du bon ordre dans les endroits où il se fait « de *grands rassemblements d'hommes*, tels que « les foires, marchés, réjouissances, cérémonies « publiques, spectacles, jeux, cafés, églises et « autres lieux publics. »

De tout temps, on avait admis que cette disposition de la loi du 16-24 août 1790 comprenait tous les lieux publics, de quelque nature qu'ils fussent, où, soit pour des rapports de commerce, soit sous le prétexte de plaisir, de grands rassemblements d'hommes pouvaient s'opérer.

La question n'avait pas été tranchée d'une manière expresse, en ce qui concerne les réunions *politiques*. Le doute était au moins permis. Un gouvernement, sinon libéral, du moins habile, se serait rattaché à l'interprétation la plus favorable aux citoyens. Le gouvernement d'alors, qui était depuis quelque temps frappé d'un véritable aveuglement, n'en fit rien. C'est de l'ardente discussion à laquelle donna lieu cette question importante qu'est sortie la révolution de février, qui, sans la maladresse de M. Guizot et de ses amis, eût au moins été retardée.

Toujours et partout les fautes du pouvoir constituent la plus grande force de l'opposition !

Vers la fin de 1847 et au commencement de 1848, les réformistes, irrités des prétentions de plus en plus excessives de la royauté bourgeoise, imaginèrent d'organiser, dans plusieurs départements, de nombreux banquets où assistèrent les membres de la chambre des députés, et où furent traitées les questions politiques à l'ordre du jour. Le ministère, s'étant ému de l'importance que prenaient ces réunions publiques, donna des ordres à ses préfets pour qu'ils les empêchassent. La chambre des députés s'émut à son tour de ces prohibitions. M. de Malleville fut chargé de porter à la tribune la question de la légalité et du droit absolu des réunions publiques *politiques*.

Une discussion intéressante et passionnée s'engagea sur la portée de la loi de 1790.

M. de Malleville soutint que cette loi n'interdisait pas aux citoyens le droit de se réunir librement ; que loin de permettre au pouvoir de prévenir, d'empêcher les réunions publiques accidentelles, elle l'obligeait, au contraire, à protéger ces réunions, lorsque l'autorité municipale aurait été avertie de l'heure, du lieu et du sujet de ces réunions.

Le ministre de l'intérieur, **M.** Duchâtel, prétendit que les pouvoirs chargés de la police avaient le droit et le devoir d'interdire, quand ils les croiraient dangereuses pour l'ordre et la sécurité, les réunions publiques politiques, et il affirma que ce droit avait sa base dans la loi de 1790, combinée avec celle de 1791.

M. Odilon Barrot répondit vivement à **M.** Duchâtel. Nous empruntons les passages suivants à son remarquable discours :

« ..... Il y a dans ce débat une question de lé-
« galité, question haute, qui implique un des droits
« fondamentaux de la constitution.... Est-ce que
« vous croyez que nous consentirons à discuter
« cette question, comme s'il s'agissait d'un bal pu-
« blic, ou d'un mauvais lieu, placé sous l'inspection
« de la police ? Est-ce que vous croyez que nous
« consentirons à descendre dans ces bas côtés de
« la discussion, cette immense question du droit de
« réunion des citoyens, quand ils ont à pétitionner
« ou à faire des adresses aux pouvoirs officiels du

« pays ?.... La loi du 24 août 1790, que M. le mi-
« nistre de l'intérieur a citée, n'autorise pas ce
« qu'il croit pouvoir être autorisé par la police ; la
« loi de 1790 charge l'autorité municipale de main-
« tenir l'ordre, d'empêcher le désordre, dans les
« lieux où se font de *grands rassemblements d'hom-*
« *mes*, tels que églises, foires, marchés et autres
« lieux publics. »

Puis, après avoir fait remarquer qu'il ne s'agissait
pas d'une question de police, mais du droit politique
qu'avaient les citoyens de se réunir pour exercer
un droit constitutionnel, celui de s'éclairer mutuellement sur leurs droits respectifs et sur les candidatures entre lesquelles ils devaient choisir, l'orateur ajouta :

« Je maintiens que si vous subordonnez ce droit
« à la faculté arbitraire de la police de permettre
« ou de ne pas permettre la réunion, vous faites
« dégénérer toute liberté politique dans un pays
« en questions de police ; vous mettez la police au-
« dessus de la charte , vous soumettez à son
« sceau l'accomplissement, l'exercice de tous les
« droits politiques..... L'assemblée constituante qui
« venait d'inaugurer la liberté politique dans le
« pays, avait compris que la liberté sans les moyens,
« sans les instruments, sans le droit de se réunir,
« était un véritable non-sens, une dérision. Aussi a-
« t-elle écrit, à côté même des attributions con-
« fiées à l'administration, cette mission spéciale de

« protéger le droit politique des citoyens, de se réu-
« nir en assemblée pour délibérer en commun les
« actes qu'ils doivent faire...»

M. Hébert, ministre de la justice, répondit à ces paroles si libérales et si élevées, en disant :

« ..... Que M. Odilon Barrot s'était mépris sur l'objet et le sens de la loi de 1790 ; que la constitution seule de 1791 avait reconnu et déclaré le droit pour tous les citoyens de se réunir et de s'assembler pour délibérer à leur gré sur les affaires publiques, mais que l'exercice illimité de ce droit ayant conduit au bout de quelques mois à des abus, à des excès, l'assemblée constituante elle-même en était venue à essayer de lui enlever ce qu'il avait de plus important et de plus nuisible en même temps ; qu'elle avait conservé ce droit aux citoyens, mais à condition que le compte rendu des délibérations, les discours que l'on prononcerait dans les sociétés ne seraient pas publiés dans les journaux ; que toutes les dispositions fondamentales garanties par la constitution de 1791 avaient pris place en termes équivalents dans la charte de 1830, et qu'on n'avait laissé de côté que ce qui était condamné par l'expérience et par la droite raison ; que si donc des citoyens s'assemblaient publiquement, en quelque forme et sous quelque prétexte que ce fût, pour délibérer sur les affaires publiques, la loi des 16-24 août 1790 viendrait s'appliquer sans aucun doute et sans aucune difficulté ; que les réunions publiques, dont la politique était l'objet, avaient un caractère d'autant moins rassurant, qu'elles tendaient à s'occuper des sujets les plus propres à exciter les hommes réunis, à pervertir leurs intentions et à les animer les uns contre les autres ; qu'enfin l'arrêté des consuls de l'an VIII et celui de l'an XI, qui organisèrent à Paris les attributions du préfet de police, lui conféraient expressément le droit de *prévenir* ou de dissiper les rassemblements ou les *réunions publiques*, qui pourraient porter atteinte à la tranquillité ou à l'ordre publics. »

Les prétentions du gouvernement furent de nouveau ardemment combattues par MM. Feuilhade-Chauvin et Ledru-Rollin.

A la suite de cette mémorable discussion, qui dura pendant trois séances, le banquet du XIIe arrondissement fut organisé à Paris. Le 21 février, à la veille de ce banquet, M. Odilon Barrot interpella de nouveau le ministère sur ses intentions. Le ministère, dont l'aveuglement était au comble, persista avec entêtement dans son attitude menaçante.

Quatre jours après, la République était proclamée et le droit de réunion reconnu.

Le gouvernement, qui s'était jeté au travers des aspirations du peuple, avait été brisé comme verre. Après dix-huit années de patience, la nation s'était enfin lassée de voir ses droits les plus sacrés méconnus, et ses intérêts les plus élevés sacrifiés.

C'est pourquoi elle avait résolu d'en finir avec la politique égoïste et étroite d'un vieillard qui, malgré ses promesses de 1830, n'avait pas gouverné conformément au droit, à la liberté, à la justice.

Lorsque la France eût ainsi repris possession d'elle-même, elle dut songer à mettre ses lois d'accord avec ses aspirations libérales et démocratiques. Cette transformation, bien que devenue nécessaire, ne pouvait être l'œuvre d'un jour. On courut d'abord au plus pressé. La liberté de réunion exista de fait avant d'être consacrée en droit. Personne alors n'avait intérêt à isoler les citoyens et à leur imposer silence. La proclamation du suffrage universel entraînait comme conséquence le droit de se réunir librement pour discuter, délibérer et agir, Sans le droit de réunion, le suffrage universel ne pouvait être qu'un instrument aveugle au service de la ruse, de la violence ou de l'intrigue.

L'art. 8 de la constitution républicaine reconnut aux citoyens le « droit de s'associer, de s'assem-« bler paisiblement et sans armes », et déclara que l'exercice de ces droits n'a pour limites « que les « droits ou la liberté d'autrui et la sécurité publi-« que ».

Toutefois, le droit de réunion fut réglementé par la loi du 28 juillet 1848 *sur les clubs.* Mais les dispositions de cette loi (art. 19) ne furent pas applicables aux réunions ayant pour objet exclusif l'exercice d'un culte *quelconque,* « ni aux réunions « électorales préparatoires ».

Au sujet des *réunions électorales préparatoires,*
le ministre de l'intérieur souleva la prétention, dans
une circulaire à ses subordonnés, de les soumettre,
comme toute autre réunion publique, à la surveillance de la police.

« ... L'autorité, écrivait-il, a incontestablement
le droit de vérifier, en toute circonstance, si une
réunion électorale préparatoire n'est pas détournée
de son objet, et si, à l'abri d'un texte légal, on ne
cherche pas à constituer des sociétés secrètes ou
des clubs illicites. Dans ce but, les citoyens, qui
formeront des réunions électorales préparatoires,
devront être prévenus qu'un agent de l'autorité
aura mission d'assister à la séance et de consigner
dans un rapport à l'administration supérieure tous
les incidents qui paraîtraient de nature à provoquer
des poursuites judiciaires, tous les faits qui présen-
teraient le caractère d'un délit. Il ne sera pas nécessaire que les agents de l'autorité soient revêtus
de leurs insignes. Toutefois, l'agent devra faire reconnaître de cette manière sa mission et sa présence, lorsqu'un incident se produira de nature à
exiger son intervention officielle... La présence d'un
agent de l'autorité ne pourra, en aucune façon,
nuire à la liberté que chaque électeur doit avoir de
proposer ses candidats, ou de discuter les mérites
des diverses candidatures. »

Dans la séance de l'assemblée nationale du 4
avril 1849, M. Ledru-Rollin interpella le ministère
au sujet de cette circulaire.

« Le droit de réunion, dit-il, droit sacré, naturel, primordial, en dehors de la constitution, n'a pu être anéanti par une loi de police concernant les marchés, les rassemblements... La loi de 1789 qui existait, bien entendu, avant celle de 1790, consacre d'une façon indiscutable le droit de réunion pour les citoyens. Or, quand le droit de réunion a été créé par le décret de 1789, vous oseriez aujourd'hui soutenir que le droit a disparu dans la loi de 1790, et qu'il y a disparu par ces mots vagues et élastiques : « *et autres lieux publics,* ! » Cela ne peut pas être... La loi de 1790 a été accompagnée d'une circulaire explicative, en l'adressant aux corps constitués. Il y a eu un commentaire, il y a eu la circulaire qui expliquait la loi, et, dans cette circulaire que décrète-t-on ? On décrète que la loi de 1790 ne peut pas s'appliquer aux réunions *politiques*... Maintenant, voici un fait et un texte :

« Il y a eu à Dax une poursuite qui a été faite contre une société populaire. Ceci se passait au 15 novembre 1790. La société populaire se plaint à l'assemblée nationale de ce que la police intervient dans son sein, de ce qu'on a troublé l'ordre de sa discussion et de ce qu'on a pris ses papiers. L'assemblée nationale de cette époque, qui s'occupait beaucoup de ces questions, qui trouvait que c'était quelque chose de très capital qu'une atteinte portée au droit de réunion, écrit trois fois à la municipalité de Dax pour lui déclarer qu'il lui est impossible de troubler une réunion politique, que la loi de 1790 ne touche pas à ces sortes de réunions. La loi est invoquée. Voulez-vous le décret? Le voici. Je reprends un peu plus haut dans le *Moniteur* :

« Ces sociétés propagent l'esprit public (c'est le
« rapporteur qui parle) et le patriotisme dans les
« départements; les municipalités ne peuvent les
« dissoudre que dans le cas où elles formeraient
« dans leur sein des complots contre l'exécution
« des lois, et troubleraient l'ordre public ; encore
« faudrait-il, dans ce cas, agir avec des précautions
« infinies. Deux lettres successives, écrites par
« votre comité à la municipalité de Dax, sont de-
« meurées sans réponse. Quoiqu'on lui ait rappelé
« le décret qui autorise tous les citoyens à se réunir
« paisiblement et sans armes pour délibérer sur
« leurs intérêts, elle a persisté dans le refus de
« restituer à la société des *Amis de la constitution*
« les papiers qu'elle lui avait enlevés. » — Voici
« le décret : « L'Assemblée nationale, — considé-
« rant que, par son décret du 14 décembre 1789,
« il est libre à tous les citoyens de se réunir paisi-
« blement et sans armes, en informant simplement
« la municipalité du lieu de leurs séances ; — dé-
« crète que la municipalité de Dax n'a pu troubler
« la société établie dans cette ville, ni lui défendre
« de tenir ses séances, encore moins lui enlever ses
« papiers, et qu'elle sera tenue de les restituer sur-
« le-champ. »

M. Ledru-Rollin combattit, en finissant, l'objection tirée de ce qu'une réunion dite électorale peut déguiser un club. Selon lui, tant qu'on n'a pas fait la preuve que c'est un club, la présomption est que c'est une réunion électorale ; et il en conclut que soumettre, en l'absence de cette preuve, une réunion dite électorale à la surveillance de la police, ce serait violer la constitution.

M. Odilon Barrot, ministre de la justice, répondit qu'il ne fallait pas confondre le droit de surveiller une réunion électorale, d'y assister pour maintenir l'ordre, avec le droit de l'empêcher, de la troubler, de la dissoudre ; que, d'un autre côté, si la réunion était publique, l'autorité devait y être admise, non-seulement pour empêcher le désordre, mais pour s'assurer que le titre de réunion électorale n'était pas une enseigne, tendant à éluder la loi sur les clubs.

« Quant aux réunions publiques, disait-il, le droit permanent de l'autorité est de veiller au maintien de l'ordre, de pénétrer comme tous les citoyens dans les lieux publics, et plus que tous les citoyens, parce que, indépendamment de son droit, elle y a un devoir à remplir, une mission, une responsabilité. Le droit de l'autorité ne peut être nié.

« Maintenant il y a un droit spécial, indépendamment de ce droit de l'autorité de veiller au maintien de l'ordre dans tous les lieux publics, dans tous les lieux où il y a un rassemblement, il y a le droit spécial dont la loi des clubs investit l'autorité. Ce n'est plus le droit général de l'autorité de pénétrer dans les lieux publics : c'est un droit spécial, c'est le droit de vérifier si la réunion s'est conformée aux prescriptions de la loi des clubs, si elle a prévenu l'autorité, si elle a un bureau, si un procès-verbal est dressé ; c'est le droit pour l'autorité de s'enquérir de toutes ces conditions, et, si elles sont violées, indépendamment de tout désordre et de tout trouble, de déférer aux tribunaux les contraventions à la loi. Ce droit spécial, l'autorité ne peut l'exercer qu'autant que la réunion électorale est un voile mensonger, qui n'a été imaginé que pour éluder la loi sur les clubs. »

Au cours de la discussion M. Odillon Barrot convint que l'autorité ne doit exercer son droit *qu'avec une grande réserve*, que lorsqu'il y a utilité, prévoyance d'un trouble et d'un désordre; « ce n'est plus « alors, ajouta-t-il, la question du droit, c'est la « question de conduite. »

Après une vive réplique de M. Ledru-Rollin, l'assemblée nationale adopta l'ordre du jour pur et simple.

La cour de cassation, saisie de la question a, par un arrêt du 20 avril 1849, jugé que, ni la constitution de 1848, ni le décret du 28 juillet même année, n'ont abrogé les dispositions de la législation antérieure, qui placent les réunions publiques sous la surveillance de l'autorité municipale. Suivant elle, les expressions *et autres lieux publics*, qui se trouvent dans l'art. 3, tit. 2, de la loi du 16-24 août 1790, sont générales et absolues ; elles désignent tous les lieux où se tiennent publiquement des assemblées politiques quelconques. En conséquence, les réunions électorales publiques, dites préparatoires, quoique dispensées par le décret du 28 juillet 1848 de l'accomplissement des formalités et des conditions imposées aux clubs, n'en sont pas moins toujours soumises à la surveillance autorisée par l'art. 3, tit. 2, de la loi du 16-24 août 1790. Par suite, selon l'arrêt, les commissaires de police ont droit d'assister à ces réunions, non-seulement comme simples citoyens électeurs, mais encore en leur qualité et revêtus des insignes de leurs fonctions.

Dans la séance de l'assemblée nationale du 28 avril 1849, de nouvelles interpellations furent adressées au ministère au sujet de son interprétation de la loi de 1790. Une proposition de M. Pierre Leroux, de substituer à la surveillance du commissaire de police le compte rendu sténographié des séances, fut rejetée par l'assemblée.

Il était dès-lors visible que la réaction relevait la tête, et songeait à se venger de sa défaite de février 1848. Les électeurs censitaires, après avoir subi plutôt qu'accepté le suffrage universel, tentèrent de l'entourer de restrictions de toute espèce afin de conserver leur influence dans le pays. Ils craignirent que les travailleurs ne profitassent de leur nombre pour obtenir la justice sociale en même temps que la liberté politique. C'est pour cela que l'assemblée nationale, où les véritables républicains, c'est-à-dire les républicains de la veille, étaient en minorité, ne tarda pas à rêver une restauration monarchique.

Ainsi s'explique la juste impopularité dont l'assemblée jouissait dans le pays.

A la suite de la journée du 13 juin 1849, le gouvernement fut autorisé par une loi du 19 du même mois, à interdire les clubs et autres réunions publiques, qui seraient de nature à compromettre la sûreté générale. Ce pouvoir ne devait appartenir au gouvernement que pendant une année, sauf à l'assemb'ée nationale à voter, dans ce délai, une loi qui, en interdisant les clubs, réglerait le droit de réunion.

Cette loi provisoire n'avait porté aucune atteinte aux réunions qui avaient pour objet des questions religieuses, scientifiques ou littéraires, ou qui, formées pour un but particulier, étranger à la politique, se dissolvaient d'elles-mêmes, lorsque leur œuvre était accomplie. Elle ne s'appliquait pas davantage aux réunions *électorales*. M. Dufaure, dans une circulaire du 24 juin 1849, recommandait même aux préfets d'encourager les assemblées préparatoires, où les électeurs cherchent à se concerter sur les principes politiques qui doivent présider à leur choix, discutent les titres de leurs candidats, et se mettent en mesure d'accomplir, d'une manière intelligente, leur premier devoir de citoyen. Mais il leur recommandait de veiller à ce que ces assemblées ne perdissent pas leur caractère, et ne cachassent pas, sous un nom respectable, des réunions dangereuses.

Cette fois encore, le provisoire est devenu le définitif. Ces mesures prétendues provisoires ne sont jamais en réalité que des mesures définitives honteuses. Tant il est vrai que toutes les réactions procèdent toujours de la même manière !

Ainsi la loi provisoire du 19-22 juin 1849 fut prorogée par une loi du 6-12 juin 1850 jusqu'au 22 juin 1851, puis par une loi du 21-24 juin 1851 jusqu'au 22 juin 1852.

Une dernière prorogation aurait sans doute eu lieu à cette nouvelle date, si les tristes événements de décembre 1851 n'étaient venu assurer par la violence le triomphe d'une réaction sans frein et sans pudeur.

Le décret du 25 mars 1852 a explicitement abrogé celui du 28 juillet 1848 sur les clubs, à l'exception de l'art. 13, qui interdit les sociétés secrètes, et implicitement la loi du 6-12 juin 1850, en déclarant les art. 291, 292, 294 du code pénal, et les art. 1, 2, 3 de la loi du 10 avril 1834, applicables aux réunions publiques, de quelque nature qu'elles soient, y compris les réunions *électorales*.

C'est encore aujourd'hui ce décret du 25 mars 1852, qui avec la loi du 6 juin 1868, dont nous parlerons tout à l'heure, régit les réunions publiques.

II

LOI DU 6 JUIN 1868

PRÉLIMINAIRES

Depuis le rétablissement de l'empire, les travailleurs avaient élevé des plaintes très vives sur les innombrables difficultés qu'ils éprouvaient, lorsqu'ils voulaient délibérer en commun de leurs intérêts. Le droit de réunion était soumis à des mesures préventives si étroites, qu'on pouvait dire avec raison qu'il n'existait véritablement pas. La nécessité de l'autorisation préalable était une porte toute grande ouverte à l'arbitraire de fonctionnaires peureux ou malveillants. La garantie des citoyens était aussi nulle que la responsabilité des préfets. Aussi l'opinion publique ne se gênait-elle pas pour faire entendre des plaintes aussi vives que légitimes.

Voici dans quelles circonstances le gouvernement a été amené à présenter la loi du 6 juin 1868 :

Sous la restauration, la préoccupation de réformes sociales à réaliser avait pris naissance dans l'esprit de quelques philosophes et de quelques penseurs. Ces préoccupations grandirent sous la royauté de juillet. Une active propagande parvint à soulever la question sociale à côté de la question politique. Les amis du progrès réclamèrent la justice avec autant d'énergie que la liberté. Bientôt même ils proclamèrent que, si la liberté est le moyen du progrès, la justice seule en est le but. Jusqu'en 1848 cependant, on peut dire que la question sociale a sommeillé, et qu'elle n'est guère sortie du domaine de la théorie. Après la révolution de février, elle se posa résolûment dans la pratique. A ceux qui en douteraient nous rappellerons les discussions passionnées du Luxembourg et les néfastes journées de juin. La république de 1848 serait peut-être encore debout, si elle n'avait pas aussi complétement sacrifié les intérêts sociaux aux intérêts politiques. C'est ce qui explique l'espèce d'indifférence que le coup d'Etat a rencontrée dans le sein des classes laborieuses. Les travailleurs crurent aux promesses de l'auteur de l'*Extinction du paupérisme*, et firent bon marché de la liberté politique.

Personne n'ignore ce qui se passa dans les premières années de l'empire. Il ne fut pas plus question de justice que de liberté. Toutes les classes de la société furent courbées sous le niveau d'une obéissance commune. L'arbitraire régnait en souverain. Dans la France entière le maître seul parlait et agissait. Le malheur commun amena un rapprochement entre la bourgeoisie et le peuple. Cette entente cordiale, qui dans l'intérêt de la justice comme dans celui de la liberté, devrait toujours exister entre les différents membres de la grande famille nationale, commença à se rétablir.

Lorsque l'empire s'aperçut que le mouvement de réaction contre une compression supportée assez patiemment jusque-là s'accentuait d'une manière sensible, il résolut d'entrer dans une nouvelle phase et de faire à l'opinion publique quelques-unes des concessions qu'elle réclamait impérieusement.

Nous n'avons pas à nous occuper ici des réformes politiques, plus apparentes que réelles, qui ont signalé la seconde période de l'empire. Nous ne dirons un mot que des réformes sociales. La loi des coalitions fut la première satisfaction donnée aux aspirations des travailleurs. Vint ensuite la loi des sociétés. On s'aperçut bientôt que ces deux lois, sans la liberté de réunion, étaient une lettre morte. Les réunions autorisées se multiplièrent à l'infini. La force des choses était plus puissante que les volontés les plus despotiques. Aussi, à l'ouverture de la session de 1866, le chef de l'Etat crut-il devoir s'exprimer ainsi en parlant des sociétés coopératives : « Pour favoriser le dé-
« veloppement de ces associations, j'ai décidé que
« l'autorisation de se réunir serait accordée à tous.
« ceux qui, en dehors de la politique, voudront dé-

« libérer sur leurs intérêts industriels et commer-
» ciaux. Cette faculté n'aura pour limite que les
« garanties qu'exige l'ordre public. » Depuis ce
moment, en effet, près de 2,400 réunions furent
autorisées. Le mouvement de réveil et d'émancipa-
tion était si fort, qu'on ne pouvait plus songer à
l'arrêter, mais seulement à le modérer et à le contenir. C'est dans cette situation que fut écrite la
lettre du 19 janvier 1867, d'où est sorti le projet
de loi sur les réunions.

Aux yeux d'un esprit attentif, la loi du 6 juin
1868 ne renferme qu'un arbitraire déguisé. Sous
prétexte de substituer le régime répressif au régime
préventif, sous prétexte de sacrifier le pouvoir discrétionnaire et de remplacer la tolérance par la
légalité, sous prétexte de rentrer dans le droit et
dans la liberté, le gouvernement s'est réservé d'une
manière absolue, sans aucun recours possible, le
droit de *dissoudre*, d'*ajourner* et même d'*interdire*
toute réunion. Nous verrons plus loin, par l'examen
du texte même de la loi, que le prétendu droit
qu'elle consacre est, suivant l'expression de l'honorable M. Garnier-Pagès, complétement illusoire et
impraticable. L'administration peut retirer d'une
main ce qu'elle a donné de l'autre. Les citoyens, en
réalité, ne possèdent pas plus de garanties que
sous le régime discrétionnaire. Le seul avantage de
la loi, c'est qu'elle constitue un véritable hommage
au droit. C'est un premier pas vers la liberté. Bien-

tôt les mœurs seront plus fortes que toutes les restrictions, et le gouvernement sera amené, malgré lui, à ne plus oser se servir des armes qu'il s'est réservées.

Cette loi, repoussée par l'opposition comme dérisoire, a été combattue par l'extrême droite comme excessive. Néanmoins, après une discussion de sept jours, elle a été adoptée au corps législatif par 212 voix contre 22, et 34 abstentions.

Si quelqu'un désire connaître la situation d'esprit des défenseurs de l'empire, nous lui conseillons vivement de lire en entier la curieuse discussion qui eut lieu au sénat, au sujet du droit de réunion. Il verra clairement les deux courants d'opinion bien distincts, qui se disputent l'influence. Finalement, le sénat, par 87 voix contre 24, ne s'opposa pas à la promulgation de la loi ; mais un instant on avait pu croire qu'il n'en serait pas ainsi.

La commission ne se prononça en faveur de la loi que par 6 voix contre 5. M. de Maupas, d'abord nommé rapporteur, bien qu'appartenant à la minorité de la commission, fut remplacé par M. Hubert-Delisle, qui faisait partie de la majorité.

M. Hubert-Delisle considéra la loi sur les réunions comme « l'appendice obligé de la loi sur les coali-« tions et de la loi sur les sociétés coopératives. » Mais, tout en désirant la liberté des réunions « scien-« tifiques ou littéraires, des conférences indus-« trielles ou commerciales, des petites assemblées

« agricoles, » etc., il persista à ne pas apercevoir
« les grands avantages que les connaissances hu-
« maines et la science politique retireraient des
« débats intempestifs, journaliers, sur des sujets
« de politique et de religion. »

Suivant lui, ceux qui concevaient quelque ap-
préhension pour les conséquences encore incon-
nues du droit de réunion ne pouvaient « méconnaî-
« tre l'efficacité et la sévérité des mesures » proposées. Sa principale préoccupation était de rassurer les timides. « N'y a-t-il pas, disait-il, entre le
« droit de troubler le pays par de continuelles at-
« taques et la faculté d'interroger un candidat ou
« de s'occuper d'élection, la différence qui existe
« entre une émotion prévue, rarement excitée,
« scrupuleusement surveillée et rapidement ou-
« bliée, et ces réunions presque en permanence
« qui arriveraient à décomposer lentement et sûre-
« ment les forces ?.. Quelque hardiesse que l'on
« ait dans l'esprit, on ne s'expose pas volontiers à
« une répression aussi énergique et aussi cer-
« taine... Si les réunions électorales peuvent reti-
« rer à la presse la puissance que lui donne son
« rôle d'intermédiaire unique entre le candidat et
« l'électeur ; si l'obligation imposée à ce candidat
« de déchirer tous les voiles devant un public ap-
« pelé à juger l'homme et ses doctrines ; si la dis-
« cussion et, par suite, la possibilité de détruire
« ouvertement des calomnies répandues par les

« passions, peuvent empêcher les évolutions des
« sociétés secrètes, et ces actes ténébreux qui ont
« eu jusqu'ici un si facile accès dans les grands
« centres, il faudra bien avouer que dans cette cir-
« constance, comme dans bien d'autres, l'esprit
« ferme, prévoyant et libéral de l'empereur a su
« bien discerner ce qu'il fallait au pays. »

Toutes ces considérations ne purent dissiper les
terreurs de M. de Maupas, qui attaqua la loi avec la
dernière violence. L'honorable sénateur ne pouvait
« se résigner » après le vote de la loi sur la presse,
« à cette seconde expérience » de la liberté. Il ne
voyait dans « ces abandons prématurés du pouvoir
« qu'une cause d'affaiblissement pour nos institu-
« tions, qu'une source de dangers pour le pays ».
Il attaqua surtout les réunions électorales, c'est-à-
dire l'article 8, qu'il appelait une loi dans la loi.
Après avoir rappelé l'histoire « profondément la-
« mentable » du droit de réunion, dont l'exercice
avait rendu nécessaires « des mesures énergiques,
« toujours douloureuses » il déclara « qu'avec un
« gouvernement aussi solidement assis que l'est le
« nôtre, chez lequel on sait que les résolutions vi-
« riles ne se feraient jamais attendre, » il ne crai-
gnait pas le trouble matériel comme un péril, mais
« qu'il était profondément alarmé par le trouble
« moral. »

Il s'effrayait des démarches actives des candidats
et de leurs « émissaires, » des « ardeurs » de la

presse, de la « surexcitation » de l'opinion, « au moment aigu de la période fébrile. » Il redoutait surtout l'éloquence des candidats de l'opposition, devant lesquels « le grand parti conservateur » resterait muet et désarmé. « Si, sur nous-mêmes, « disait-il, que la raison, que l'expérience éclai- « rent, si sur nous la parole exerce toujours son « séduisant empire, si nous voyons souvent une « assemblée, résistante d'abord, devenir insensi- « blement hésitante, puis se laisser enfin entraîner, « en une heure, par le charme du langage de celui « qu'elle écoute, que ne devons-nous pas penser « que sera l'action de la parole sur des esprits « moins faits à la résistance, qui ne sont, pour la « plupart, accessibles qu'à la forme, et qu'on sub- « jugue si facilement avec les artifices du langage... « L'arme de la réunion publique ne servira presque « jamais que pour combattre et discréditer les can- « didats du pouvoir. » Il faut avouer que la peur inspirait à M. de Maupas une modestie plus ou moins fondée, mais assurément bien grande.

L'honorable sénateur rendait involontairement à l'opposition un hommage, qu'elle doit être heureuse d'avoir rencontré dans sa bouche. Nous n'en fini- rions pas si nous voulions citer tous les passages curieux que renferme un discours aussi sincère que significatif. M. de Maupas ne voulait comme législateur que de « hautes individualités », des grands propriétaires, des grands agriculteurs, des

grands industriels, des grands négociants, en un
mot des esprits « réservés », qui sont les représentants « naturels » du parti conservateur, mais qui
reculeront « devant les épreuves oratoires mal-
« saines » des réunions publiques, où la lutte ne
sera ni possible, ni égale, ni « dignement accep-
« table. »

Il ne faut pas l'oublier, ajoutait-il, « la tribune
« n'appartient, en général, qu'à ces hommes dé-
« classés, auxquels l'honorabilité manque plus sou-
« vent que le talent, que toutes les professions re-
« jettent, qui n'ont rien à risquer, rien à perdre, et
« qui s'exposent, avec d'autant plus d'âpreté à ces
« luttes électorales que, d'ordinaire, leur profit s'y
« mesure à raison de leur ardeur. » Voter la loi,
ce serait dénaturer l'essence de nos institutions,
ce serait remplacer des tendances sages et protectrices par des doctrines ardentes et subversives, ce
serait exposer l'ordre moral du pays, la sincérité
du suffrage universel, ce serait compromettre nos
assemblées, nos institutions, et peut-être l'empire
lui-même.

Le contrôle doit être « un contrepoids sagement
« mesuré, » et non « un déplacement radical dans
« les conditions du pouvoir. » Quand le suffrage
universel possède « la souveraineté constituante
« et dirigeante, quand il est appelé périodique-
« ment à devenir l'arbitre des destinées du pays,
« quand il domine ainsi tous les pouvoirs de l'Etat,

« pouvons-nous, sans de profondes alarmes, le voir
« livré ainsi à *d'aussi dangereuses embûches*, et
« l'exposer à d'aussi *périlleux entraînements*,
« quand, en prenant surtout les élections de ces
« dernières années, nous voyons les pertes que
« fait le PARTI du gouvernement, les progrès mar-
« qués que fait l'opposition ?»

M. Béhic combattit les terreurs et les doctrines
de M. de Maupas. Il vit dans l'abrogation du décret
du 25 mars 1852 une « renonciation au système
« personnel. » Selon lui, l'empire, qui a entrepris
« l'œuvre de réconciliation de l'autorité avec la
« liberté, » ne peut s'arrêter, s'il ne veut s'exposer
à être dépassé. Les innovations sont « commandées » à une échéance plus ou moins prochaine
« par l'état des esprits, la marche des idées ou le
« souci des intérêts du plus grand nombre. » D'ailleurs, « les théories subversives, semblables à cer-
« taines substances élastiques ou inflammables,
« deviennent d'autant moins dangereuses qu'elles
« sont moins comprimées, et qu'elles éclatent plus
« au grand jour. »

C'est au parti conservateur à s'organiser et à se
défendre. La loi est inspirée par une pensée de sage
prévoyance et d'initiative généreuse ; elle trahit un
juste sentiment des besoins et de l'esprit de notre
époque. Il arrive fatalement une heure solennelle
où les nations comme les hommes deviennent ma-
jeures. Les gouvernements vigilants doivent épier

cette heure, la saisir avec résolution « et s'imposer
« spontanément des concessions devenues indis-
« pensables. »

Nous sommes arrivés à cette heure précise « où
« les concessions ne sauraient être retardées sans
« injustice, comme elles n'auraient pu être antici-
« pées sans danger. »

Il ne faut pas plus sacrifier les générations qui
arrivent que les générations qui s'en vont. Il faut
placer les garanties et les droits dans un juste équilibre. « Il était digne du pouvoir impérial, dirigé par
« une pensée profonde d'avenir, alors qu'il se sen-
« tait dans la plénitude de sa force, et dût-il sembler
« se placer en avant du sentiment général, de faire
« spontanément à la liberté cette nouvelle avance,
« et d'enlever ainsi aux oppositions extrêmes leur
« dernier argument et leur dernier drapeau. »

M. Béhic, converti de la dernière heure, mit à
défendre la loi autant d'énergie que M. de Maupas
à l'attaquer :

« L'empereur l'a voulue, dit-il, malgré de res-
« pectueuses mais pressantes objections ; le corps
« législatif l'a acceptée, malgré d'instinctives ré-
« pugnances, que la réflexion et la discussion ont
« vaincues. Après un examen consciencieux qui a
« dissipé, quant à moi, les doutes auxquels j'avais
« participé, je la voterai avec confiance, et j'espère
« n'être pas, dans cette occasion, en désaccord
« avec la majorité du sénat. »

M. Le Roy de St-Arnaud, au lieu de considérer la loi comme un *leurre* et un *piége*, d'après les expressions de la gauche au corps législatif, croit plutôt, avec M. de Maupas, que l'art. 8 sur les réunions électorales est « le point vulnérable, le côté ouvert, « par lequel la révolution se flatte, à son jour et à « son heure, de rentrer dans la place. » Néanmoins, il ne redoute pas les défaillances du « parti « de l'ordre. » Mais la loi est inutile et dangereuse. Elle est dangereuse, à cause de la surexcitation de la période électorale ; elle est inutile, parce que les réunions privées suffisaient à éclairer les électeurs. Les réunions privées pouvaient être insuffisantes pour les adversaires du gouvernement ; mais elles étaient suffisantes pour les amis.

Nous le croyons sans peine. Car pendant qu'on persécute les unes jusqu'à la baïonnette inclusivement, on favorise les autres jusqu'à les permettre sous des halles, ouvertes à tout venant.

M. Le Roy de St-Arnaud s'effraya surtout « de « l'électricité qui se développe au sein des masses « réunies. » « Il y aura, disait-il, une affiliation « naturelle et nécessaire, qui défiera toutes les sol- « licitudes de la loi. Vous aurez de ces affiliations « qui ne sont pas l'association ; vous aurez le « rayonnement du centre aux extrémités, le retour « des extrémités au centre ; vous aurez tout cela, « et ce ne sera pas une infraction à la loi. »

Des orateurs nomades, des commis-voyageurs

de l'élection, discuteront des questions malsaines,
influenceront les faibles, exciteront partout l'émotion, ressusciteront les clubs, iront du tumulte à
l'émeute, et peut être de l'émeute à la révolution.
Vous ne trouverez de remède que dans un coup
d'Etat ; mais « prenez-y bien garde, disait l'orateur,
« les destinées des coups d'Etat ne sont pas tou-
« jours les mêmes ; et pour qu'ils réussissent, il
« leur faut la préface d'une révolution ! »

En présence de ces attaques, M. Pinard, alors
ministre de l'intérieur, fut mis en demeure de faire
connaître la pensée du gouvernement. « Nous avons
« voulu, dit il, affranchir dans une légitime mesure
« l'initiative individuelle, limiter les droits de l'Etat
« pour les rendre plus forts, habituer l'ouvrier et
« l'électeur à faire eux-mêmes pacifiquement et
« sans trouble leurs propres affaires..... Vous de-
« mandez la cause de cette liberté permanente des
« réunions économiques? C'est qu'un problème est
« depuis longtemps posé : la question de l'ouvrier
« vis-à-vis du patron, du salaire vis-à-vis du capi-
« tal ; la question de savoir si l'ouvrier, qui ne peut
« se passer de patron ou de capital, peut devenir à
« lui-même son propre patron et conquérir le ca-
« pital sous la forme de la coopération. » Si l'idée
de justice peut être réalisée, elle ne peut l'être que
par la liberté. La question sociale qui a surgi dans
ces derniers temps appelle une solution. Le mouvement coopératif s'est accentué avec une telle

force, qu'on a dû s'en préoccuper. La loi actuelle
n'est que « la sanction réfléchie des promesses an-
« térieures, des lois antérieures, de la pratique
« antérieure. » Elle a pour but d'intéresser l'ouvrier à l'Etat, à la société, à l'ordre, de le rendre
conservateur et de l'éloigner des révolutions.

Elle s'est proposé d'éviter le double écueil des
clubs et des sociétés secrètes. L'empire est parti
de l'autorité pour entrer lentement et progressive-
ment dans la liberté. Lorsqu'en fait on s'est montré
tolérant pour les réunions, à quoi bon conserver
les apparences d'une tutelle? Sans doute, le suffrage
universel, qui n'est pas sorti tout armé du sein d'une
révolution, a ses inexpériences, ses incertitudes,
ses hésitations et ses erreurs. C'est une raison de
plus pour l'éclairer par des réunions électorales.
Craindre la lumière, ce serait se montrer indigne
du pouvoir. La réunion électorale, qui établira un
débat contradictoire, contrebalancera avantageuse-
ment l'influence du monologue perpétuel de la
presse, « qui reflète quelquefois, mais qui altère
« souvent l'opinion du pays. » La liberté de la
presse ne regarde que les classes aisées, les classes de loisir; la loi de réunion correspond aux aspirations des masses ouvrières. Cette dernière loi
est plus large et moins dangereuse que la première.

Après un discours favorable du vice-amiral Bouët-
Willaumez, qui considéra la loi comme « une sou-
pape de sûreté, » le sénat, ainsi que nous l'avons
vu, ne s'opposa pas à la promulgation.

Malgré sa longueur, nous n'avons pas cru que cette analyse fût un hors-d'œuvre.

Il nous a semblé qu'avant d'examiner la loi en elle-même, qu'avant de rechercher les conséquences qu'elle a produites jusqu'ici, il serait utile de se bien pénétrer de l'interprétation qui lui a été donnée tout d'abord tant par ses adversaires que par ses défenseurs.

Nous savons maintenant sous l'empire de quelles préoccupations cette loi a été proposée, nous savons comment elle a été acceptée par les amis, sinon les plus éclairés et les plus prudents, du moins les plus dévoués du gouvernement. Il nous reste à rechercher lesquels sont restés dans le vrai, ou de ceux qui trouvent la loi insuffisante et illusoire dans la prétendue liberté qu'elle concède, et impraticable à raison d'une réglementation aussi compliquée que jalouse, ou de ceux qui la considèrent, au contraire, comme prématurée et imprudente, dans l'état actuel des esprits et des faits.

I

DES RÉUNIONS PUBLIQUES NON POLITIQUES

§ 1ᵉʳ. — *Esprit de la loi.*

La nouvelle loi sur les réunions a eu pour but avoué de substituer le régime répressif au régime

préventif, en supprimant la nécessité de l'autorisation préalable. On a voulu, à en croire de solen-
nelles déclarations, sortir de l'arbitraire et de l'autorité pour rentrer dans le droit et la liberté. Néanmoins, dès les premiers pas on se trouve en présence de restrictions telles, que le droit, au lieu
d'être clairement proclamé, est, au contraire, formellement dénié. « *Les réunions publiques*, dit l'article 1er, *peuvent avoir lieu sans autorisation préalable, sous les conditions prescrites par les articles
suivants.* Toutefois, *les réunions publiques ayant
pour objet de traiter de matières* POLITIQUES OU RELI-
GIEUSES, CONTINUENT *à être soumises à cette autorisation.* »

Dans quelles limites le droit de réunion nous
a-t-il été restitué ? Ecoutons le rédacteur de l'*Exposé des motifs* :

« Ce projet, dit-il, n'a pour objet de modifier ni
« les prescriptions des articles 291 et 294 du code
« pénal, ni celles de la loi du 10 avril 1834, qui
« atteignent les associations illicites. Il ne s'appli-
« que qu'aux réunions politiques à l'état de, fait
« *accidentel* et *temporaire*, sans les caractères de
« permanence et d'organisation, qui constituent une
« association. Les sociétés de toute nature, ainsi
« que les réunions qui, en se perpétuant et en s'af-
« filiant à d'autres, se transformeraient en vérita-
« bles associations, resteront soumises, comme
« par le passé, à la législation actuelle et seront
« tenues de se conformer à ses dispositions. »

Tel est le cercle étroit dans lequel devra se mouvoir l'activité intellectuelle des citoyens. L'esprit de suite, l'esprit de continuité leur est interdit. Ils ne pourront étudier les problèmes qui les intéressent, que d'une manière intermittente. Encore, de ces problèmes devront-ils mettre de côté les neuf dixièmes, auxquels il leur est défendu de toucher comme à l'arche sainte. L'article 1er, en effet, dit en même temps oui et non, blanc et noir. Il retire d'une main ce qu'il paraît donner de l'autre. On ne saurait rencontrer une contradiction plus complète, plus flagrante, plus choquante.

Il eût été, selon l'expression de M. Jules Simon, plus honnête, plus franc, plus loyal de dire dans l'article 1er : « Les réunions en matière littéraire et « scientifique sont permises ; mais on ne les permet pas en matière politique et religieuse. » Au lieu de cela, on a eu recours à un texte équivoque, ambigu, contradictoire.

Il est certain que, dans l'article 1er, l'exception emporte la règle, et que, suivant la juste expression de M. Glais-Bizoin, la loi « donne et retient, donne et reprend. » De quoi peut-on parler, s'il n'est pas permis de traiter de matières politiques ou religieuses? Ces matières ne sont-elles pas celles qu'il importe le plus à des hommes, à des citoyens, d'étudier, d'examiner, de creuser ? Est-il possible, d'ailleurs, de s'occuper d'économie sociale sans toucher à la politique, et de parler philosophie sans aborder le terrain religieux? La concession de l'art. 1er est donc plus apparente que réelle. Au fond, le droit de réunion n'est reconnu aux citoyens qu'à la condition qu'ils n'en useront que pour discuter des questions insignifiantes. Si on nous objecte que l'administration apportera quelque tolérance dans l'interprétation de la loi, nous répondrons que ce serait rentrer dans le régime du pouvoir discrétionnaire, dont on prétendait être sorti, et que ce n'était vraiment pas la peine d'annoncer avec tant de fracas la liberté de réunion qu'on ne donnait réellement pas.

Il est difficile dès lors de s'expliquer les affirmations suivantes qui ont été produites avec assurance dans l'*Exposé des motifs* rédigé par M. Chassaigne-Goyon, conseiller d'Etat. « L'art. 1er, dit-il, pose « comme principe que TOUTE réunion publique *peut* « avoir lieu sans autorisation préalable, à la charge « par ceux qui veulent la former de se soumettre à « certaines prescriptions... Ce que nous tenons à « faire remarquer et ce qui caractérise la disposi- « tion que nous analysons, c'est qu'elle affranchit « le droit de réunion des mesures préventives qui « peuvent actuellement en entraver l'exercice, et « qu'elle lui donne ainsi une existence et une sanc- « tion légales, tant qu'il se renferme lui même « dans les limites qui lui sont tracées par la loi. « Cette règle s'appliquera désormais d'une manière « générale à TOUTE *réunion, quel qu'en soit l'objet,*

« même aux ré inions électorales... Le champ sera
« donc librement ouvert, sous des conditions fa-
« ciles à remplir, à tous ceux qui voudront s'occu-
« per en commun de science, de littérature, d'in-
« dustrie, d'agriculture, de TOUTES *les questions*, en
« un mot, *qui intéressent le travail, la fortune, les*
« *besoins, les goûts ou l'intelligence* des citoyens.
« M*ais* le projet a dû vous proposer de faire à cette
« règle des exceptions, commandées par l'expé-
« rience du passé, et par des raisons d'ordre public
« et d'intérêt social. »

Il ne serait pas facile de se moquer plus agréa-
blement des gens. Est-ce que les questions politiques ou religieuses n'intéressent plus « le travail, la
fortune, les besoins, les goûts ou l'intelligence de
chacun de nous ? » On croit rêver en entendant dé-
biter de pareilles propositions. Il n'y a, il est vrai,
que deux exceptions dans l'art. 1er ; seulement les
deux choses qu'on excepte, ainsi que le disait
M. Jules Simon, sont précisément les deux choses
« pour lesquelles le droit de réunion était demandé,
« et pour lesquelles il était nécessaire. »

Continuons la lecture de l'*Exposé des motifs*, qui
nous ménage bien d'autres surprises.

« Il (l'art. 1er) *interdit expressément*, à moins
« qu'elles n'aient été préablement autorisées, con-
« formément aux prescriptions de la législation en
« vigueur, les réunions qui voudraient s'occuper de
« questions *religieuses* ou *politiques*. — Les réu-

« nions politiques, nous n'avons pas besoin de vous
« le rappeler, n'ont jamais produit en France que
« le désordre dans les esprits et dans la rue. La loi
« ne les a permises qu'à deux époques, pendant la
« première république et en 1848 ; et vous savez
« aussi bien que nous leur déplorable histoire.
« C'est l'histoire des plus mauvais jours de nos ré-
« volutions... — Ces enseignements, que le calme
« et la prospérité actuelle du pays nous font trop
« oublier peut-être, ne doivent pas être perdus
« de vue par le législateur. Nous sommes déjà
« loin sans doute de ces époques troublées.
« Les esprits s'éclairent et les mœurs publiques
« s'améliorent, mais les caractères restent les mê-
« mes ; et dans un pays dont les passions sont si
« faciles à émouvoir, où les partis sont si divisés et
« si peu maîtres de ceux qui les suivent, il n'est
« pas possible d'ouvrir l'arène aux réunions politi-
« ques. Des assemblées où l'on discuterait à cha-
« que instant les institutions, les actes et les per-
« sonnes du gouvernement ou de l'administration,
« n'engendreraient plus la violence, peut-être, mais
« elles sèmeraient certainement l'agitation, et une
« grande société comme la nôtre ne vit pas de dis-
« cussions ; elle vit de travail, et le travail a besoin
« de tranquillité, d'ordre et de sécurité. Les inté-
« rêts politiques ont d'ailleurs leurs représentants
« légitimes dans les députés de la nation..... Man-
« dataires légaux, indépendants et éclairés du pays,

« ils en sont les organes écoutés, et, pour faire
« connaître les vœux des populations, il n'est pas
« besoin de ces réunions qui s'agitent plutôt qu'el-
« les ne délibèrent, qui se laissent facilement en-
« traîner vers les théories extrêmes, et qui s'arrêtent
« presque toujours à des résolutions dangereuses.
« Nous avons la conviction que nous défendons la
« cause de la liberté autant que celle de l'autorité
« et de la société, en ne laissant pas se rouvrir ces
« assemblées orageuses, sans mandat et sans res-
« ponsabilité, qui ont jeté sur le pays tant d'agita-
« tions, d'inquiétudes et de deuils. »

Toutes ces préocupations trahissent la peur, une
peur excessive, une peur qui est une véritable hu-
miliation, autant pour les gouvernants que pour les
gouvernés. Est-ce que le peuple français, qui le premier a été jugé digne du suffrage universel, serait
moins capable d'étudier, de discuter et d'exercer
ses droits que les Suisses, les Belges, les Anglais
et les Américains ? Notre amour-propre national et
notre sentiment de la vérité nous font repousser
avec énergie une pareille supposition. Est-ce que le
gouvernement français qui a sa base dans le choix,
aussi libre qu'éclairé, de tous, n'aurait plus confiance
dans la légitimité de son origine, dans l'amour et
dans l'estime des électeurs ? Personne ne peut le
croire. Quelle est donc la cause réelle qui vous empêche de nous restituer la liberté complète, la liberté absolue ? Vous nous parlez sans cesse de

votre force et de votre popularité ; vous prétendez avoir rétabli l'ordre, avoir amené la prospérité, avoir assuré la sécurité, avoir consolidé l'autorité ; pourquoi ne couronnez-vous pas l'édifice ? pourquoi vos actes ne sont-ils pas d'accord avec vos paroles ? Mystère ! Impénétrable mystère !

Mais si vous avez peur des questions politiques dont la discussion, suivant vous, pourrait présenter des dangers pour le maintien de la tranquillité publique, en quoi la discussion des questions religieuses pourrait-elle exciter vos alarmes? Est-ce que la tolérance religieuse n'est pas entrée dans nos mœurs et dans nos habitudes? Est-ce que la liberté de penser n'est pas un droit irrévocablement acquis dans tous les pays civilisés ? Voudriez-vous soustraire au libre examen le dogme religieux comme vous lui avez déjà soustrait votre constitution, dont vous avez fait un dogme politique ? Tout cela n'est guère respectueux. La vérité, politique ou religieuse, n'a pas besoin d'être défendue avec un soin aussi inquiet et aussi jaloux. Son éclat incomparable la défend mieux que toutes les protections, dont l'effet inévitable ne peut être que de l'obscurcir.

Quoi qu'il en soit, la double exception contenue dans l'article 1er n'a donné lieu, dans le sein de la commission du corps législatif, « à aucune critique. » Aussi, malgré les énergiques et chaleureux efforts de la gauche, et notamment de l'honorable M. Jules Simon, a-t elle été maintenue dans la loi.

Ce n'était pas sur le sénat, à coup sûr, qu'il fallait compter pour en obtenir la suppression.

Il nous reste maintenant à rechercher ce que signifient d'une manière précise les expressions « matières politiques » et « matières religieuses. »

§ 2. — *Quelles matières sont politiques ?*

Dès l'art 1er, on voit que la loi du 6 juin n'a qu'une portée véritablement dérisoire, et qu'elle est parsemée d'écueils sans nombre. Ainsi, non seulement elle laisse au dehors de ses dispositions les matières qu'il importe le plus à l'homme et au citoyen d'examiner et de discuter avec ses semblables, mais elle ne trace pas une ligne de démarcation nette et franche, entre ce qui devient permis et ce qui reste défendu.

Il est si commode et si facile de supprimer d'un seul trait la discussion des questions politiques ! On comprend, en effet, l'intérêt que peuvent avoir certains hommes à maintenir l'isolement et les ténèbres, surtout dans un pays de suffrage universel, où l'entente et la lumière sont indispensables pour que la souveraineté populaire ne soit plus un vain mot et devienne au contraire réelle et efficace. Mais on comprend moins que ces hommes qualifient de loi *libérale* une loi éminemment restrictive et jalouse. Qui espèrent-ils tromper par cet hommage hypocrite rendu à la liberté? Ne s'aperçoivent-ils pas que leur prudence excessive trahit des craintes inavouées, et constitue ainsi une insigne et suprême maladresse? Tant il est vrai que la peur d'un mal nous conduit souvent dans un pire !

La meilleure tactique, quoi qu'en pensent et en disent nos modernes Machiavels, consiste encore dans la franchise et dans la loyauté. La ruse, les habiletés, les piéges finissent tôt ou tard par être démasqués et par tourner au détriment de ceux qui s'en étaient servis comme d'un bouclier. Il est donc regrettable qu'en ne définissant pas les expressions « matières politiques », la loi des réunions ait ouvert la porte aux interprétations les plus larges et les plus dangereuses. Y a-t-il un spectacle plus affligeant que celui d'une loi dont le sens est vague et indéterminé? Ce qui fait la force et l'autorité d'une loi c'est sa clarté et sa précision. Si les citoyens sont obligés de discuter la loi pour la comprendre et l'observer, si, malgré leurs lumières et leur bonne foi, ils sont exposés à se trouver en présence des interprétations contradictoires de ceux là mêmes qui sont chargés de la faire respecter, on peut dire hardiment que cette loi est mauvaise et dangereuse pour tout le monde. Les magistrats sont atteints dans leur dignité autant que les citoyens dans leur sécurité. Il ne faut pas que des juges qui, par suite d'une disposition particulière de leur esprit, seraient tentés de voir des réunions politiques dans toutes les réunions publiques, soient exposés aux soupçons des justiciables. Il ne faut pas qu'on puisse les accuser d'être plus soucieux de couvrir le pouvoir et de diminuer ses terreurs, que d'assurer et de garantir la liberté des citoyens. Il ne faut pas qu'une restriction inoffensive en apparence puisse être considérée comme un piége habilement tendu à la bonne foi des citoyens, naïfs ou téméraires. C'est pourtant ce qui arriverait infailliblement si la jurisprudence, à défaut de la loi du 6 juin, ne définissait pas les mots « matières politiques. »

Voyons d'abord les commentaires qui ont précédé, accompagné ou suivi le vote de la loi.

L'exposé des motifs ne paraît pas s'être préoccupé de la définition des matières politiques, et de la différence qui peut exister entre elles et les matières sociales.

Cependant, lors de la première rédaction du projet de loi, on avait songé à maintenir sous le régime de l'autorisation préalable les réunions publiques, où l'on traiterait les questions « d'économie sociale. » Après un nouvel examen au sein du conseil d'Etat, on avait écarté de l'art. 1er les mots « d'économie sociale » comme trop compréhensifs.

Cette suppression indique évidemment que les rédacteurs de la loi n'ont pas entendu interdire dans les réunions publiques la libre discussion des questions sociales, ou du moins de toutes les questions sociales. Seulement, peut-être sont-ils arrivés d'une

manière indirecte au même résultat, si dans les mots
« matières politiques » ils ont entendu comprendre,
sinon toutes les questions sociales, au moins le plus
grand nombre d'entre elles.

D'après l'exposé des motifs, la loi n'interdirait
que les questions politiques proprement dites. On se
serait surtout préoccupé de ne pas « rouvrir l'arène
aux réunions politiques », parce qu'elles n'auraient
jamais produit en France « que le désordre dans
les esprits et dans la rue ». « Des assemblées, dit
« M. Chassaigne-Goyon, où l'on discuterait à chaque
« instant *les institutions, les actes et les personnes*
« *du gouvernement ou de l'administration*, n'engen-
« dreraient plus la violence, peut-être, mais elles
« sèmeraient certainement l'agitation, et une grande
« société comme la nôtre ne vit pas de discussion;
« elle vit de travail..... Les intérêts politiques ont
« d'ailleurs leurs représentants légitimes dans les
« députés de la nation. En dehors du droit de péti-
« tion, s'exerçant dans les limites tracées par la
« constitution, c'est à eux seuls qu'il appartient de
« discuter publiquement *les lois, les impôts et les*
« *actes du gouvernement.* Mandataires légaux, in-
« dépendants et éclairés du pays, ils en sont les
« organes écoutés, et, pour faire connaître les vœux
« des populations, il n'est pas besoin de ces réu-
« nions qui s'agitent plutôt qu'elles ne délibèrent,
« qui se laissent facilement entraîner vers les
« théories extrêmes, et qui s'arrêtent presque
« toujours à des résolutions dangereuses. »

Il n'est pas question dans tout cela des matières d'économie sociale.

Mais le spectre rouge, dont le conseil d'Etat avait eu raison de ne pas s'effrayer, s'est dressé de toute sa hauteur dans le sein de la commission du corps législatif.

« L'attention de votre commission, dit le rap-
« porteur, s'est portée sur ces expressions : « *ma-*
« *tières politiques*. Elle s'est demandé si elles com-
« prenaient les questions sociales, telles que celles
« de la famille, de la propriété, de l'organisation
« du travail et autres agitées à des époques ré-
« centes. On pourrait être tenté de soutenir que
« ces questions ne touchent point à l'ordre poli-
« tique, en ce sens qu'elles sont étrangères à l'or-
« ganisation du gouvernement, des pouvoirs publics
« et de l'administration à ses divers degrés. Ce se-
« rait là *une grave et dangereuse erreur* qui rou-
« vrirait l'arène au *socialisme* et à ces discussions
« qui, naguère, mettaient l'ordre social en péril.
« Dans notre pensée, L'ORDRE POLITIQUE EMBRASSE
« L'ORGANISATION DE LA SOCIÉTÉ TOUT ENTIÈRE ; et *les*
« *questions* SOCIALES *rentrent par la nature même*
« *des choses dans les questions* POLITIQUES, car les
« gouvernements, mandataires de la société, sont
« institués par elle pour sa protection et sa dé-
« fense. Votre commission n'a à cet égard con-
« servé aucun doute..... Ses propres études sur le
« sens donné par la jurisprudence à ces expres-

« sions, déjà consacrées par les lois de 1819 et
« 1828 sur la presse, et les déclarations qui ont
« été faites dans son sein par le gouvernement,
« l'ont complétement *rassurée* à cet égard. »

Ce commentaire de l'article 1er n'était pas de nature à satisfaire l'opposition. Il ne traçait ni avec précision, ni avec netteté la limite qui sépare les réunions publiques permises des réunions publiques défendues. Le droit demeurait enveloppé dans un nuage de mauvais augure. On ne pouvait savoir où il commençait, où il finissait. La concession que le conseil d'Etat paraissait avoir faite en supprimant les mots : *économie sociale*, était retirée par l'interprétation fort large donnée aux expressions : *matières politiques*. La sécurité des citoyens et la conscience des magistrats pouvaient être troublées par ces tergiversations et par ces explications équivoques, ambiguës, contradictoires. Il fallait éviter de nouveaux dissentiments entre la jurisprudence et l'opinion publique. C'était déjà trop que des lois mal rédigées eussent permis de considérer un bulletin électoral comme « un écrit politique » et une souscription comme « une manœuvre ».

Il y avait donc lieu de ne pas admettre sans réserve les explications du rapporteur, et de demander au gouvernement de faire connaître ses véritables intentions. La gauche ne faillit pas à ce devoir. M. Glais-Bizoin n'eut pas de peine à démontrer qu'aux termes du rapport, une réunion con-

voquée pour délibérer sur une bibliothèque commu-
nale, ou sur un chemin d'intérêt collectif, pou'rait
être considérée comme s'occupant d'économie sociale, et par suite « de matières politiques. » Autant vaudrait déclarer, disait M. Jules Favre, que
les réunions publiques ne pourront s'occuper d'aucun objet.

« Cette expression de loi (matières politiques)
« répondit M. le ministre d'Etat, est écrite depuis
« 1819 dans notre législation sur la presse, elle a
« reçu de la jurisprudence, au point de vue du
« cautionnement et du timbre des journaux et des
« feuilles périodiques, l'interprétation la plus exacte
« et la plus complète. C'est une expression qui,
« aujourd'hui, porte sa définition avec elle-même.
« Elle a toute sa signification dans notre histoire,
« elle est aujourd'hui *consacrée;* elle remonte au
« berceau de la législation française. Il faut donc
« l'accepter avec son sens clair, précis, défini par
« le temps, défini par l'interprétation, la jurispru-
« dence et la doctrine. »

M. Rouher expliqua ensuite pourquoi les mots
« économie sociale », employés dans la loi de 1850,
et plus tard dans le décret de 1852, n'avaient pas
été repris dans la loi sur les réunions. A cette
époque on voulait « rencontrer les thèses du socia-
« lisme, les atteintes à la propriété, les atteintes
« à la constitution de la famille ». Il ne s'agissait
que d'imposer aux journaux « certaines conditions

« tutélaires » ; il ne s'agissait pas de créer une
« prohibition ». Seulement, les journaux qui voulaient parler d'économie sociale étaient assujettis au
cautionnement, au timbre, « à des garanties qui
« leur permettaient une discussion complète des
« théories sur la matière ». Mais, dans le projet de
loi sur les réunions, on a complétement écarté les
mots : *et d'économie sociale.*

« Pour quelles raisons, ajouta M. le ministre
« d'Etat, ne les avons-nous pas adoptés ? Je vais
« le dire sincèrement : ils nous ont paru trop com-
« préhensifs. Oui, trop compréhensifs ; ils nous
« ont paru pouvoir être interprétés en ce sens, que
« *toutes* les questions économiques intéressant le
« salaire, intéressant le travail de l'ouvrier, le tra-
« vail manuel, la production par le patron, *pour-*
« *raient être considées comme éliminées, de droit,*
« *de la discussion en réunion publique.* — Or, notre
« pensée était de maintenir, sous forme de DROIT,
« ce que nous avions déjà nettement accueilli sous
« la forme d'autorisation. Nous voulions laisser toute
« liberté à ces discussions paisibles, qui ne sont pas
« les discussions politiques publiques…Est ce à dire
« que le mot « politique » ne comprend pas certaines
« doctrines, qui sont, pour ainsi dire, communes à
« la politique et à l'économie sociale ? *Je ne le nie*
« *pas ;* je crois que c'est discuter une grande ques-
« tion politique que de discuter l'organisation de
« la famille dans ses éléments intimes ; je crois

« que c'est aborder une grande question politique
« que de mettre en échec le principe même de la
« propriété ; oui, nous sommes d'accord avec le
« rapport sous ce point de vue ; il y a des ques-
« tions politiques qui ne doivent pas être traitées
« dans les réunions publiques. Mais toutes les
« questions industrielles, mais toutes les questions
« commerciales, toutes les questions de salaires,
« toutes les questions, en un mot, moins les ques-
« tions politiques que j'ai définies, pourront y être
« discutées. »

La réponse de M. Rouher parut à M. Jules Favre
une confusion de plus : selon l'éminent orateur, « le
« ministre se réservait le droit de déclarer quand la
« matière sera politique ou quand elle ne le sera
« pas ». Ainsi, ce qui concerne la famille et la propriété, matière éminemment sociale, serait considéré comme politique ; mais il en serait autrement de
« l'organisation du travail ». Or, le rapporteur était
sur ce dernier point d'un avis diamétralement opposé ; il considérait comme politiques les questions
« de l'organisation du travail et autres, agitées à
« des époques récentes. »

Le ministre d'État, ainsi mis en demeure, dut
fournir de nouvelles explications sur le sens des
mots : *organisation du travail.*

« Pour le gouvernement, dit-il, les mots *organi-*
« *sation du travail* ne s'appliquent qu'à cette thèse
« longtemps professée au Luxembourg, en 1848,

« et qu'on a appelée le droit au travail. Nous ne
« l'appliquerons A AUCUN DEGRÉ à la discussion des
« rapports *entre le patron et l'ouvrier ;* nous ne
« l'appliquerons à aucun degré *aux questions de*
« *bienfaisance* dont a parlé l'honorable M. Jules
« Favre ; nous ne l'appliquerons pas à la question
« de *l'interdiction de la mendicité,* ni même à la
« question *des subsistances,* A MOINS QUE dans un
« moment donné cette question ne puisse devenir
« dangereuse pour la sécurité publique. »

Le rapporteur, sur l'interpellation de M. Glais-
Bizoin, ajouta que la pensée de la commission était
« *absolument conforme* » à celle que venait d'exprimer le ministre d'Etat. M. Glais-Bizoin eut beau
crier à « l'équivoque », et déclarer qu'il y avait
« contradiction » entre les paroles du rapporteur et
celles du ministre d'Etat ; vainement, M. Ernest Picard fit-il remarquer que cette définition des « matières politiques » resterait encore assez vague,
pour que « celui qui userait du droit dangereux de
« réunion fût exposé à être condamné sans avoir
« été prévenu, » l'article 1er fut adopté sans changement.

Lors du vote de la loi, M. Darimon prononça,
SANS ÊTRE CONTREDIT, les paroles suivantes : « Les
« discussions économiques, si elles aboutissent à
« des résultats pratiques, peuvent changer toutes
« les conditions du travail et exercer une action
« directe sur le développement de la richesse pu-

« blique. Il était donc nécessaire que les réunions
« où s'agitent ces grands problèmes pussent avoir
« le caractère de la permanence. Si un passage
« malencontreux du rapport a pu laisser croire
« que certaines restrictions étaient imposées aux
« réunions de ce genre, les explications loyales du
« ministre d'Etat ont dissipé toute équivoque. Il
« est reconnu, il est admis qu'on pourra se réunir
« pour discuter les matières d'économie sociale. »

Par ce qui précède, il est incontestable que la
commission, après avoir élargi outre mesure, par
peur du socialisme, le sens des mots : *matières
politiques*, a fini, comme toujours, par se rallier à
l'opinion du gouvernement. Pour interpréter saine‑
ment la loi, il faut donc s'en rapporter plutôt aux
explications fournies par M. Rouher, quelque peu
scientifiques qu'elles soient, qu'au rapport de M.
Peyrusse, malgré sa franchise et sa netteté. C'est
d'ailleurs sous l'impression des paroles prononcées
par le ministre d'Etat, et ap ès l'assentiment éner‑
giquement manifesté par le rapporteur, que l'article
1er a été voté.

La discussion à laquelle le sénat s'est livré ne
nous fournit pas de grandes lumières sur la ques‑
tion.

M. Le Roy de Saint-Arnaud, tout en combattant
les réunions publiques électorales (art. 8), a dé‑
claré approuver les réunions publiques non politi‑
ques (art. 1er), « dans lesquelles on s'occupe de

« sciences, de littérature, *même d'économie sociale,*
« EN TANT qu'elle se rattache à l'industrie, au com-
« merce, à l'agriculture, au travail et au salaire. »

M. Pinard, ministre de l'intérieur, n'a pas hésité
à proclamer qu'on pouvait discuter dans les réunions publiques non politiques « la question de
« l'ouvrier vis-à-vis du patron, du salaire vis-à-vis
« du capital; la question de savoir si l'ouvrier, qui
« ne peut se passer de patron ou de capital, peut
« devenir à lui-même son propre patron et con-
« quérir le capital sous la forme de la coopéra-
« tion. »

Parmi les questions sociales, il n'y a donc que
celles de la famille, de la propriété et de l'organisation sociale, comme on l'entendait en 1848 au
Luxembourg, qui aient été considérées comme rentrant dans « les matières politiques » dont parle
la loi du 6 juin 1848.

Malheureusement, si c'est le législateur qui propose, c'est le juge qui dispose.

Nous ne savons pas jusqu'à présent comment la
jurisprudence interprétera les mots « matières politiques » de la loi nouvelle. L'administration a usé
très fréquemment du droit de dissoudre les réunions
publiques, sous prétexte que les orateurs se seraient écartés de l'ordre du jour, mais elle n'a pas
encore jugé à propos de soumettre aux tribunaux
son interprétation de l'article 1er. On comprend que
le pouvoir arbitraire de dissolution, dont l'exercice

est si facile et ne présente aucun danger, suffise à ceux qui se sont chargés de diriger nos destinées. A quoi bon réprimer des délits qu'il est si aisé de prévenir? Seulement, il n'est plus permis, si ce n'est par ironie, de parler de liberté ! Il est impossible, en effet, de rencontrer une plus grande contradiction entre les déclarations et les faits.

Nous venons de voir quelles questions sociales sont considérées comme matières politiques, d'après les explications fournies par le gouvernement, d'accord avec la commission, lors de la discussion de la loi.

Il nous reste à rechercher quelles sont les « matières politiques » proprement dites.

Le rapporteur de la commission et le ministre d'Etat n'ont donné aucune définitition de ces matières. Ils se sont bornés l'un et l'autre à renvoyer à la jurisprudence qui, à propos du cautionnement et du timbre des journaux et des feuilles périodiques, a donné, suivant M. Rouher, « l'interprétation la plus exacte et la plus complète » des mots : *matières politiques*.

Ouvrons donc les recueils de jurisprudence.

Les mots *matières politiques* dont se sert l'art. 3 de la loi du 18 juillet 1828 comprennent, non-seulement les « nouvelles et discussions politiques, » mais aussi « tout ce qui concerne la politique. » Dès lors l'écrit périodique *en vers* paraissant plusieurs fois par mois et renfermant « des satires vio-

« lentes contre les personnages politiques et des
« allusions aux événements du temps » ne peut
être considéré comme étranger aux matières politiques , ni comme exclusivement consacré aux
sciences, aux lettres et aux arts, et comme tel af-
franchi du cautionnement (*Cassation*, 29 *décembre*
1834, *Barthélemy*).

La prohibition de s'occuper de « matières politi-
« ques », n'est pas limitée aux « discussions politiques ; elle s'éten l à « l'insertion de tous **actes**,
faits ou écrits ayant ce caractère (*Cassation ,*
« *2 septembre* 1841. *Drouault*). »

Un journal qui, dans un ou plusieurs articles,
« examine la légalité d'actes des agents du gou-
« vernement, et qui critique et dénonce la conduite
« de ces mêmes agents », doit être réputé s'occuper de matières politiques, et par suite, soumis au
cautionnement. Dans ce cas, il n'est pas nécessaire
pour appliquer la loi, d'établir une distinction entre
les matières politiques proprement dites, et les matières politiques qui n'auraient pas ce caractère déterminé (*Cassation*, 6 *juin* 1840, *Pomiès*).

La prohibition faite aux journaux non soumis au
cautionnement de s'occuper de politique s'applique
« à la polémique sur les actes de l'autorité munici-
» pale et locale, de même qu'à celle ayant pour ob-
« jet les actes de l'administration centrale et des
grands pouvoirs de l'Etat. » (*Cassation*, 13 *juil-*
let 1840, *Guérin.*)

Il en est de même relativement à « des articles
« de polémique sur le caractère et les effets de la
« loi qui règle la manière dont il doit être procédé
« aux élections municipales, et de critique des
« faits administratifs accomplis en exécution de
« cette loi. » (*Cassation*, 21 *septembre* 1844,
Soullier.)

La cour de cassation s'est attribué le droit d'apprécier elle-même les articles du journal incriminé pour fixer ce qui constitue ou non les matières politiques. (*Même arrêt que ci-dessus.*)

La simple reproduction de lois ou décrets, déjà promulgués ou légalement publiés, « sans commen-
« taires ni appréciations ou rapprochements d'au-
« tres textes, » ne constitue pas une matière politique. (*Cassation*, 1er *juillet* 1854.)

Les articles contenant « soit l'examen critique
« de la condition morale de certaines classes de
« la société, et l'appréciation de la nature du com-
« merce intérieur et extérieur de la France, soit la
« comparaison des salaires des instituteurs en
« France et en pays étranger, ou des vœux pour
« l'amélioration du sort des travailleurs, ou enfin
« l'annonce d'une cérémonie commémorative d'un
« événement politique » ont un caractère politique
et ne peuvent par conséquent être publiés par les
journaux dispensés de cautionnement. (*Cassation*,
11 *juillet* 1851, *Thomas.*)

Les expressions « matières politiques » sont géné-

rales ; elles comprennent « tout ce qui touche au
« gouvernement et à l'administration de l'Etat, et
« de chacune de leurs divisions et subdivisions lé-
« gales, sans distinction entre les théories gou-
« vernementales ou administratives, et les faits ou
« documents y relatifs. » (*Cassation*, 1er *juillet*
1852, *Dupin.*)

Elles contiennent aussi « la discussion ou la cri-
« tique, même accidentelle, des actes émanés de
« l'administration publique. » (*Cass.*, 31 *janvier*
1855, *Dupin.*)

Les mots « matières politiques » comprennent
« la discussion qui s'applique même aux actes d'une
« administration locale. » Ainsi, l'article d'une
revue des théâtres, qui contient « des observations
« et des critiques sur le choix des directeurs de
« théâtre fait par l'administration locale, puis rap-
« pelle et discute des projets de décrets et des dis-
« positions relatives à l'organisation administrative
« des théâtres, » ne contient pas une simple polémique artistique, mais traite de matières politiques
dans le sens des décrets des 17 février et 28 mars
1852. (*Cassation*, 31 *janvier* 1855, *Dupin.*)

La chronique théâtrale publiée en feuilleton,
prend un caractère politique, lorsqu'elle renferme
« un examen critique des actes de la municipalité
« de la ville. » (*Cassation*, 18 *juin* 1868.)

Les mots « matières politiques » comprennent
non-seulement « la critique ou censure des actes

« du gouvernement, » mais encore « l'examen et la
« critique des actes de l'autorité locale ou munici-
« pale. » C'est donc traiter de matières politiques
que de « discuter des questions d'intérêt départemen-
« tal, par exemple, le projet de reconstruction de
« la prison et de la gendarmerie d'une ville. »
(*Cassation*, 3 *décembre* 1863.)

Doit être considéré comme matière politique
« tout ce qui, sous quelque forme que ce soit,
« touche aux théories gouvernementales adminis-
« tratives, ainsi qu'aux faits et documents qui y
« sont relatifs. »

On ne saurait considérer comme une simple reproduction, et par conséquent comme licite, la publication de passages seulement d'un document politique, « dont le choix constitue de la part du jour-
« naliste une véritable appréciation du document
« dont il s'agit. »

A plus forte raison en est-il ainsi, lorsque la publication a pour objet des passages, non point tex-
tuellement reproduits, mais « analysés, » surtout
s'ils sont accompagnés « d'une appréciation cri-
« tique. »

Il n'en est pas de même de la « simple annonce,
« soit d'une vacance à la faculté des sciences, soit
« de la nomination d'un professeur à la chaire de
« littérature de la Sorbonne. « (*Cassation*, 13 *mai*
1864, *Grange*.)

On doit entendre par « matières politiques »

« toute discussion critique ou censure des actes de
« l'administration soit générale soit locale. » Ainsi,
doivent être considérés comme traitant de matières politiques les articles qui ne se bornent pas
à faire connaître les projets d'embellissement d'une
ville, mais dans lesquels le rédacteur » examine,
« discute et critique ces projets, les censure sous
« plusieurs rapports, et jette même un doute inju-
« rieux sur les intentions de l'autorité municipale. »
(*Cassation, 24 février* 1865.)

En résumé, les matières politiques comprennent
l'exposé, l'examen, la critique et la censure des
théories, des actes, des décrets et des lois, soit du
gouvernement, soit de l'administration centrale ou
locale, en un mot, tout ce qui est de l'actualité.
Ceux-là seuls ne sont pas exposés à politiquer qui,
laissant par dédain ou par crainte, les préoccupations du présent, ne s'occupent que du passé et de
l'avenir, c'est-à-dire les érudits et les rêveurs. Les
réunions publiques, permises à chacun en tant
qu'homme, lui sont interdites en tant que citoyen.
Nous demeurons donc en tutelle, en ce qui concerne
nos intérêts les plus graves et les plus urgents.
Ainsi le veut la logique de nos hommes d'Etat, qui
ne reconnaissent le peuple comme souverain que
lorsqu'il abdique et non lorsqu'il veut exercer sa
souveraineté d'une manière sérieuse et réelle.

A Paris, les pratiques de l'administration vis à-
vis des réunions publiques ont encore renchéri sur

ce programme déjà si étroit. De sorte qu'à vrai dire les réunions publiques seraient à peu près impossibles, sans quelques tolérances de la part de certains commissaires de police, et sans des prodiges de prudence de la part des orateurs et du bureau.

Nous avons exposé la situation faite aux réunions publiques, tant par l'administration que par la loi, sans illusion comme sans découragement. Nous nous garderons autant de considérer la nouvelle loi comme une sérieuse conquête que comme une conquête stérile. Quand on est désarmé, on doit, en attendant des temps meilleurs ou des circonstances plus favorables, faire flèche de tout bois. *Aide-toi, le ciel t'aidera,* telle doit être la devise des amis du progrès et de la liberté.

§ 3. — *Quelles matières sont religieuses ?*

On comprend à la rigueur que les pouvoirs publics, naturellement chargés d'assurer l'ordre, la sécurité et la liberté, marquent les limites des discussions politiques qui, après tout, appartiennent au domaine social ; mais il est impossible de concevoir que l'Etat s'arroge le droit de permettre ou de défendre à son gré les discussions religieuses, qui ne relèvent et ne peuvent relever que de la conscience individuelle. L'intérêt collectif, qui peut demander compte au *citoyen* de ses actes, doit respecter les croyances de *l'homme*. Ainsi l'exige le caractère sacré et inviolable de la personne humaine ; car il n'y a pas plus de droit contre le devoir que contre le droit.

L'interdiction de traiter de matières religieuses sans l'autorisation préalable de l'administration constitue donc une véritable atteinte à la liberté de conscience, ce principe primordial qui est passé dans nos mœurs, et que nos pères de la révolution avaient si solennellement reconnu et proclamé.

La vérité, d'ailleurs, ne saurait s'imposer par la force. On reconnaît aujourd'hui qu'elle n'a d'autorité véritable que par la libre adhésion des intelligences. « Je veux la liberté, disait M. Jules Simon, « par respect pour ma doctrine ; je la veux par res- « pect pour la vérité, qui n'a pas besoin d'être dé- « fendue ; je la veux par respect pour la liberté de « penser, qui est le premier et le plus nécessaire « de tous les principes, la source, la seule et unique « source de l'autorité. »

Malgré cette vérité, aussi élémentaire que lumineuse, nos législateurs, qui ne sont ni des penseurs ni des philosophes, ni même des hommes politiques, dans la haute et large acception du mot, ont prétendu entourer de leur protection les systèmes religieux existants, en disant à l'esprit de libre examen : « Tu n'iras pas plus loin, si ce n'est avec notre « permission. » Heureusement que la science, qui de sa nature est incompressible, se rit de ces vains efforts et de ces stériles tentatives !

En attendant la proclamation, qui ne saurait être éloignée, de la liberté absolue de penser et de discuter, il nous reste à savoir ce que la loi du 6 juin a entendu par ces mots : *matières religieuses.*

Ici encore la définition nous fait défaut. Comme toujours, nous nous trouvons en présence d'expressions vagues, incertaines, équivoques, qui ne tracent pas d'une manière franche et loyale la limite qui sépare la discussion permise de la discussion défendue, et qui par suite laissent le champ libre au bon plaisir et à l'arbitraire. On a beau nous parler de l'avénement d'un régime plus libéral; c'est un régime discrétionnaire, plus ou moins honteux, que nous rencontrons partout.

Depuis que l'esprit humain s'est préoccupé des questions concernant le droit et le devoir, les causes premières et les causes finales, la vérité et l'erreur, etc. les théologiens et les rationalistes ont discuté, sans pouvoir s'entendre, sur la ligne qui sépare la religion de la philosophie. Eh bien ! cette question, qui est demeurée en suspens depuis des siècles, qui a embarrassé et qui embarrasse encore les meilleurs esprits et les intelligences les plus élevées, elle sera tranchée définitivement et sans appel par « un fonctionnaire de l'ordre judiciaire ou administratif. »

D'après quelles règles se déterminera ce fonctionnaire privilégié, dont les décisions auront provisoirement force de loi et devront être exécutées à l'instant même ? En l'absence de toute définition, nous devons nous reporter à l'exposé des motifs, au rapport et aux débats de la chambre.

« Il ne s'agit pas, dit l'exposé des motifs, de mo-
« difier la législation actuelle en ce qui touche
« l'exercice des cultes, mais de la maintenir avec
« les interprétations libérales que le gouvernement
« lui a toujours données dans ses applications.
« Nous ne sommes plus à ces époques où la liberté
« des croyances pouvait être contestée. Tous les
« cultes s'exercent librement sous la protection de
« notre droit public, et la surveillance qui appartient
« à l'administration ne s'est jamais fait sentir que
« pour se montrer tutélaire et bienveillante... Ce
« que le projet ne croit pas devoir permettre, ce sont
« les réunions publiques qui pourraient se former
« en dehors des lieux consacrés au culte, pour
« discuter des thèses religieuses. Ces discussions
« n'excitent plus sans doute aujourd'hui les mêmes
« passions qu'autrefois ; il ne faut pas cependant
« laisser se former, de plein droit, des assemblées
« où le premier venu, dissident ou libre penseur,
« pourrait venir s'attaquer aux susceptibilités les
« plus vives, et aux sentiments les plus intimes et
« les plus respectables du cœur humain. Nos habi-
« tudes de tolérance, l'état de notre civilisation
« veulent que toutes les religions approuvées,
« devant lesquelles l'humanité s'incline depuis des
« siècles, que toutes les croyances sincères soient

« également respectées..... Votre législation or-
« ganique a donné à l'administration un droit de
« surveillance sur les cultes établis ; il ne faut pas
« que des cultes inconnus puissent trouver dans le
« droit de réunion un moyen d'échapper à tout con-
« trôle, et de professer publiquement des doctrines
« qui seraient contraires à la morale ou à l'ordre
« social.

« La question présente d'ailleurs peu d'intérêt au
« point de vue pratique, car l'enseignement ou
« l'exercice d'une religion suppose une affiliation,
« des réunions répétées, une organisation, c'est-à-
« dire une association, et le projet n'apporte au-
« cun changement aux lois qui régissent actuelle-
« ment le droit d'association. »

La commission a partagé complétement sur ce
point la manière de voir du gouvernement. Elle n'a
pas voulu que les cultes reconnus pussent devenir
à chaque instant « l'objet de disputes plus ou moins
« vives qui, suivant elle, troubleraient les con-
« sciences si elles n'agitaient pas les esprits. » Elle
a trouvé suffisantes ces lois spéciales « qui déter-
« minent à quelles conditions chaque religion peut
« avoir ses églises, ses temples, ses lieux de réu-
« nion consacrés à la prière et à l'enseignement
« de sa foi. »

La discussion de la loi n'a projeté aucune lumière sur cette interdiction des réunions publiques,
ayant pour objet de traiter de « matières religieuses. »

Il n'a donc été tracé aucune règle fixe pour aider à discerner les matières religieuses des matières philosophiques.

Néanmoins, il est incontestable que la préoccupation du législateur, en interdisant la discussion des « matières religieuses »a moins été d'écarter d'une manière absolue les discussions purement scientifiques concernant la philosophie et la morale, que de rendre impossibles des attaques plus passionnées que réfléchies contre les cultes actuellement reconnus, et d'empêcher la propagation de doctrines plus violentes que libérales, telles que celles des athées autoritaires. On peut même assurer, en relisant l'exposé des motifs, que dans l'intention des auteurs de la loi, les expressions « matières reli- « gieuses » ne comprennent ni la philosophie proprement dite, ni la morale.

Cette distinction, bien que n'étant pas fondée, aux yeux de ceux qui considèrent la liberté de conscience comme inviolable, se comprend cependant dans une certaine mesure, si l'on veut tenir compte des préjugés actuellement en vigueur dans l'esprit du plus grand nombre.

Les religions, en effet, pour tout observateur attentif, sont affaire de foi, c'est-à-dire d'imagination et de sentiment, et non affaire d'observation, d'expérience et de raisonnement. Elles sont toutes basées sur la légende, sur la révélation, sur le dogme. On comprend qu'il soit imprudent et dangereux de les abandonner à l'examen, aux discussions et aux controverses. Une croyance s'accepte, mais ne se démontre pas. C'est ce qui fait la force et en même temps la faiblesse de la foi; ce qu'avouaient malgré eux les croyants des temps barbares. Désespérant de convaincre leurs adversaires par la discussion et le libre examen, ils se laissaient aller à les persécuter et même à les brûler. Grâce à la douceur de nos mœurs et aux progrès de notre législation, les bûchers ont fait place aux injures, aux diffamations, aux outrages, aux calomnies, mais au fond les procédés sont les mêmes et ils sont inspirés par le même sentiment, celui de l'impuissance à persuader et à convaincre. Voilà pourquoi les matières religieuses proprement dites sont moralement et légalement en dehors de toute discussion.

Il n'en saurait être de même de la philosophie et de la morale, qui sont des sciences, et qui, en cette qualité, ont pour base l'observation, l'expérience, la discussion. La science ne vit que par l'analyse, la recherche, la controverse. Aussi, les débats en matière scientifique ne sont jamais exposés à s'attaquer « aux susceptibilités les plus vives et aux « sentiments les plus intimes et les plus respecta- « bles du cœur humain. » Ils ne peuvent dégénérer en disputes de nature à « troubler les consciences. » Lorsque cela arrive, c'est que la discussion a déserté le terrain ferme de la science pour s'élever dans les nuages de la théologie et de la métaphysique. On ne s'occupe plus alors ni de philosophie, ni de morale, mais de véritables abstractions et de conceptions *a priori*, c'est-à-dire de matières religieuses. On conçoit dès lors qu'à défaut d'arguments on en vienne aux gros mots.

En résumé, on peut sans autorisation préalable organiser une réunion publique pour étudier une question de philosophie et de morale. On peut donc, à notre avis, rechercher si toutes les idées viennent des sens ; si les facultés sont des fonctions organiques ; si la morale est indépendante de toute fiction théologique ou de toute hypothèse métaphysique ; si le devoir a pour base le juste ou l'utile bien entendu ; si toute action porte avec elle sa récompense ou son châtiment, selon qu'elle est bonne ou mauvaise, etc. etc. sans que les matières religieuses soient même effleurées.

Néanmoins, nous ne pouvons nous dissimuler qu'il sera souvent difficile en s'occupant de lettres, de sciences et d'arts, de ne pas traiter de matières religieuses. Cela sera même impossible si l'on veut faire une conférence, littéraire ou scientifique, sur Voltaire, Galilée, Cuvier, etc. Nous croyons que, si la question religieuse ne se présente qu'incidemment et accessoirement, elle n'est pas prohibée d'une manière absolue par l'art. 1er de la loi du 6 juin. La religion, en effet, comme la politique, touche à toutes les questions sérieuses et vivantes qui peuvent préoccuper l'humanité. C'est là une affaire de tact et de mesure. Mais qui sera juge, et juge sans appel, du tact et de la mesure ? Toujours « le fonc-« tionnaire de l'ordre judiciaire et administratif ». Il est donc impossible avec la loi actuelle d'échapper sur ce nouveau point, à cet odieux et humiliant pouvoir discrétionnaire avec lequel on prétendait en avoir fini.

§ 4. — *De la déclaration préalable.*

Lorsqu'un citoyen, secouant la torpeur dans laquelle la violence nous a brusquement plongés et dans laquelle la peur nous a systématiquement maintenus, osera concevoir l'idée de soumettre à une discussion publique un sujet ne rentrant ni dans les matières politiques, ni dans les matières religieuses, c'est-à-dire ne touchant ni de près ni de loin à ce qui intéresse le plus l'humanité, il devra en faire la déclaration préalable à l'autorité compétente, *au moins trois jours francs avant le jour de la réunion.*

Cette déclaration devra être signée par *sept personnes domiciliées dans la commune* où la réunion doit avoir lieu, et *jouissant de leurs droits civils et politiques.*

Sera-t-il toujours facile dans certaines communes rurales, et même dans certaines villes des départements, de mettre la main sur sept citoyens dont le dévoûment, suivant la juste remarque de M. Glais Bizoin, ne reculera pas devant les pénalités dont le projet de loi les menace? Il est permis d'en douter. Avec les mœurs que les lois et les pratiques administratives de l'empire nous ont faites, peu d'habitants des campagnes , malgré leur qualité d'électeurs souverains, oseront affronter les dangers dont l'exercice du droit de réunion est hérissé.

Nous ne nous sentons pas la force de blâmer très-sévèrement cette absence regrettable de courage civique, bien qu'elle constitue à nos yeux une abdication du droit et une désertion du devoir. Si l'on considère, en effet, que l'omission de la moindre formalité peut entraîner contre le contrevenant, quelque absolue que soit sa bonne foi, une amende de 100 fr. à 3,000 fr., et un emprisonnement de six jours à six mois, on se sent enclin à une certaine indulgence.

Néanmoins, il est du devoir des bons et véritables citoyens de ne pas céder si facilement à l'intimidation, de ne pas reculer devant un danger si grand qu'il soit, alors surtout qu'il s'agit de l'exercice d'un droit primordial, essentiel, inaliénable, sans lequel la civilisation ne serait plus qu'un vain mot, et le suffrage universel une dérision. Au lieu de nous effrayer et de nous troubler, comme des enfants, cherchons plutôt à diriger notre marche à travers

les écueils sans nombre dont le despotisme a semé
le chemin de la liberté, et à reconquérir nous-mêmes les biens précieux dont la force nous a si injustement dépouillés.

Nous empruntons à l'excellent *Guide pratique de
l'électeur* de notre ami M. Georges Coulon, l'énumération des personnes qui ne jouissent plus de
leurs droits civils et politiques, et qui par conséquent ne peuvent signer la déclaration préalable
dont parle l'article 2 de la loi du 6 juin.

1° SONT INCAPABLES A PERPÉTUITÉ :

Les condamnés pour crimes ;
Les militaires condamnés au boulet ou aux travaux publics ;
Les officiers ministériels destitués en vertu de
jugements ou de décisions judiciaires ;
Les condamnés pour les délits suivants, quelles
qu'aient été la *nature* et la durée de la peine prononcée :

« Attaque publique contre la liberté des cultes
« et le principe de la propriété ; loteries et jeux de
« hasard ; mendicité ; outrage public à la morale
« publique ou religieuse et aux bonnes mœurs ; di-
« rection de maison de prêt sur gages ou nantisse-
« ment sans autorisation légale ; usure ; vagabon-
« dage ; »

Les condamnés, pour les délits suivants, à la
peine de l'*emprisonnement*, quelle qu'en soit d'ailleurs la durée :

« Vol ; abus de confiance ; attentat aux mœurs ;
« soustraction de deniers publics par les déposi-
« taires ; escroquerie ; fabrication et vente de
« substances falsifiées ; certains faits relatifs au re-
« crutement ; tromperie sur la quantité des choses
« livrées ; »

Les condamnés, pour les délits suivants, à
« trois mois d'emprisonnement » au moins :

« Destruction ou mutilation d'un arbre apparte-
« nant à autrui ; falsification des boissons ; destruc-
« tion d'actes de l'autorité publique, de commerce
« ou de banque ; empoisonnement d'animaux ; des-
« truction de greffe ; altération de marchandises ou
« de matières premières ; dévastation de récoltes ;
« tromperie sur le titre des matières d'or et d'ar-
« gent et sur la nature de toutes les marchandises ;

Les condamnés à plus de trois mois d'emprisonnement pour des faits relatifs aux élections.

2º SONT INCAPABLES POUR CINQ ANS A DATER DE
L'EXPIRATION DE LA PEINE :

Ceux qui ont été condamnés à plus d'un mois
d'emprisonnement pour l'un des faits suivants :

« Attroupements ; société secrète ; colportage
« d'écrits ; outrage public envers un juré à raison
« de ses fonctions, ou envers un témoin à raison
« de ses dépositions ; violence ou rébellion envers
« les dépositaires de l'autorité ou de la force pu-
« blique.

3⁰ SONT INCAPABLES TEMPORAIREMENT :

Ceux qui ont été interdits du droit de voter par application des lois qui autorisent cette interdiction ; (la durée de l'incapacité est fixée par le jugement).

Les faillis ; (l'incapacité cesse après la réhabilitation).

Les interdits pour imbécillité, démence ou fureur ; (l'incapacité cesse avec l'interdiction).

Toutes les personnes ci-dessus, qui n'ont pas le droit d'être inscrites sur la liste électorale, ne peuvent non plus signer valablement la déclaration préalable exigée par l'art. 2 de la loi du 6 juin 1868. Une déclaration qui, parmi les sept signatures dont elle doit être revêtue, compterait la signature d'une de ces personnes serait irrégulière, puisqu'elle ne serait plus revêtue que de la signature de *six* personnes capables. En cas de réunion, les six signataires capables, quelque justifiable que fût leur erreur, quelque bien intentionnés qu'ils fussent eux-mêmes, seraient exposés à être poursuivis devant les tribunaux, et à être condamnés aux peines sévères édictées par l'art. 9 de la loi sur les réunions.

Une loi dite *libérale*, qui expose d'honorables citoyens, pour une erreur contre laquelle il est souvent difficile, pour ne pas dire impossible, de se prémunir, à une condamnation d'une amende de

100 fr. à 3,000 fr. et à un emprisonnement de six jours à six mois est, à coup sûr, aux yeux des esprits impartiaux, une loi jugée.

Néanmoins, il existe un moyen de prévenir les inconvénients d'une erreur à la fois si facile et si dangereuse, c'est de faire signer la déclaration par huit ou neuf personnes ou par un plus grand nombre. Aux citoyens des grandes villes, où généralement on se connaît peu, nous recommandons vivement ce procédé très-simple.

Cette nécessité de la signature de sept personnes domiciliées, et jouissant de leurs droits civils et politiques, vient d'amener à Paris un singulier résultat.

Il existe depuis plusieurs années une société qui est composée des dames les plus distinguées et les plus éminentes de la capitale, et qui est présidée avec beaucoup d'intelligence et de dévouement par Mme Jules Simon : c'est la *société pour l'enseignement professionnel des femmes*, fondée par la regrettée et regrettable Mme Elisa Lemonnier. Cette société, qui a déjà rendu tant de services au point de vue de l'instruction et du travail des femmes, et qui voit sans cesse augmenter le nombre de ses remarquables écoles, avait imaginé, dans l'intérêt matériel et dans l'intérêt moral de son œuvre, d'organiser des conférences payantes, sous la forme de réunions publiques non politiques. Les sociétaires, membres du conseil d'administration, avaient tout naturellement déposé à la préfecture de police, avec la signature de sept d'entre elles, la déclaration préalable exigée par la loi. M. le préfet de police, malgré la galanterie que nous devons lui supposer, a refusé de recevoir cette déclaration, la trouvant irrégulière, parce que dans le pays de l'ancienne chevalerie, les femmes ne jouissent pas « des droits civils et politiques. » Il a fallu faire signer la déclaration par sept personnes appartenant au sexe fort.

On ne peut s'empêcher de se demander si nos législateurs ont entendu maintenir les femmes dans un état perpétuel de minorité, et leur interdire le droit naturel de se réunir pour discuter en commun des intérêts qui les peuvent concerner. Lors de la discussion de la loi, il n'a pas été dit un mot de cette interdiction. Il est permis de croire que si aucun député n'a parlé du droit des femmes à se réunir, c'est que la pensée n'en est venue à personne. C'est donc à un oubli et non à un parti pris qu'il faut attribuer le regrettable silence de la loi.

Dans ces circonstances, nous pensons que M. le préfet de police eût dû interpréter l'article 2 d'une manière plus large. Il eût dû se rappeler que si la lettre tue, l'esprit vivifie. Or, il est de principe, pour tout jurisconsulte digne de ce nom, que les restrictions apportées au droit ne peuvent être étendues par voie interprétative, parce que la liberté est le droit commun, et que la loi doit être appliquée conformément à l'esprit de ceux qui l'ont faite, et non dans un sens judaïque.

Malgré ces observations, qui frappent tous les hommes de liberté , il est à craindre que les femmes ne soient encore privées pendant quelque temps du droit de se réunir sous leur propre responsabilité ; elles se consoleront de ce vieux reste de la loi salique, en pensant qu'un des plus éminents philosophes de notre temps, qu'un des membres les plus distingués de l'Institut, M. Vacherot, est privé, lui aussi, du droit de signer la déclaration préalable nécessaire pour organiser une réunion publique, depuis la condamnation qui l'a frappé pour son beau livre : *La Démocratie.*

Cette exigence de *sept* signatures a paru bien gênante pour l'exercice du droit. Vainement d'excellents esprits ont-ils protesté contre cette nouvelle entrave à la liberté, nos législateurs ont passé outre. « Il sera toujours facile, dit l'exposé des motifs, à « ceux qui voudront former une réunion utile et « sérieuse, de se procurer au moins sept signatures « dans la même commune, et si ces adhésions « leur manquent, c'est que leur projet inspirera peu « de confiance et appellera peu de sympathie. Le « projet n'a qu'un seul but en prescrivant ces for- « malités, c'est de créer une responsabilité qui soit « une garantie sérieuse de l'observation de la loi. « Toute réunion publique nombreuse, quelque bon- « nes que soient ses intentions, a besoin d'être di-

« rigée, organisée, maintenue Livrée à elle-même,
« elle ne serait bientôt qu'un tumulte et peut être
« un danger pour la sécurité publique. Il importe
« donc qu'elle ait des chefs, et il est de toute justice
« que ceux qui la provoquent ou qui président ses
« délibérations soient aussi ses répondants, en cas
« ·de dommage ou d'infraction. »

Avec les mœurs politiques que nous ont faites les
pratiques oppressives de l'administration, on sait
parfaitement bien, en matière de réunion publique
électorale, que le candidat de l'opposition, fût·ce le
plus sympathique, trouvera difficilement sept signa·
tures, même dans les communes où il obtiendra la
majorité des voix.

.Les habitants de la campagne redoutent trop les
vengeances de ces gardes champêtres, de ces mai·
res et de ces juges de paix, qu'on détourne de leurs
utiles fonctions pour les transformer en agents électoraux, au bénéfice de la candidature officielle. Il
est vrai que la loi des réunions n'a pas été rédigée
dans l'intention de favoriser les candidatures opposantes ; aussi n'est-ce pas là le reproche que nous
entendons lui adresser. Mais il nous semble que,
dans un pays où l'on parle beaucoup d'égalité, on eût
dû maintenir la balance égale entre tous les citoyens, pour ne pas s'exposer à l'accusation d'avoir
voulu fausser le suffrage universel.

Quoi qu'il en soit, on aurait pu réduire sans
danger le nombre des signatures puisque, au point

de vue de la responsabilité invoquée, l'article 4 de
la loi exige un bureau composé d'un président et
de deux assesseurs au moins.

De ce luxe de précautions étroites, jalouses, tra-
cassières, M. Ernest Picard avait conclu que le gouvernement ne voulait donner « que l'ombre d'un
« droit et non un droit véritable. » Cette conclusion avait fait bondir d'indignation M. Baroche, ministre de la justice. « Nous voulons donner un droit
« sérieux, s'écria-t-il, et c'est précisément parce
« que nous voulons le fonder sérieusement, que
« nous n'entendons pas qu'il soit abandonné au ca-
« price de deux ou trois individus : non, nous ne
« voulons pas que deux ou trois individus puissent
« mettre en mouvement toute une commune, l'agi-
« ter, y répandre l'émotion en faisant une réunion
« que personne ne désirait. »

La réponse était trop facile.

« Si personne n'en veut, objecta M. Eugène Pel-
« letan, il n'y a pas de danger. »

M. Baroche se garda bien de tenter une réplique
impossible.

L'exigence de sept signatures constitue donc une
véritable entrave, une entrave purement gratuite,
sans aucune utilité possible, au droit de réunion.
C'est une raison de plus pour les bons citoyens de
ne pas se décourager. Ils doivent mesurer les
efforts du mouvement aux efforts de la résistance.
La puissance du droit de réunion n'a jamais été

affirmée d'une manière plus éclatante, que par la multiplicité et la complication des moyens employés pour en modérer, pour en contenir, pour en supprimer l'exercice.

Lors de la discussion de la loi, on s'est demandé si les signatures des déclarants devraient être légalisées. Sur ce point, comme sur beaucoup d'autres, les débats ont été fort confus. Nos législateurs, qui venaient d'abolir la nécessité de l'autorisation préalable, ne prenaient pas garde que ce serait la rétablir indirectement que de permettre à un préfet ou à un sous-préfet d'exiger, pour la délivrance du récépissé, la légalisation de la signature des déclarants. Le sort du droit de réunion serait ainsi demeuré entre les mains des maires ou des commissaires de police, qui auraient pu en paralyser le légitime exercice, en refusant, soit par ignorance, soit par malveillance, les légalisations demandées. C'est déjà trop des refus de légalisation opposés aux personnes qui veulent adresser des pétitions au sénat, ou des protestations contre les élections au corps législatif.

Il ne paraît pas que la chambre ait entendu exiger la légalisation de la signature des déclarants, malgré le désir contraire vivement exprimé par M. Baroche.

« La déclaration, dit-il, est faite par sept per-
« sonnes. Mais il faut bien qu'on s'assure que les
« sept personnes existent, qu'elles ont réellement

« leur domicile dans la commune..... Tout acte,
« si insignifiant qu'il soit, du moment qu'il doit être
« produit devant une autorité quelconque, est né-
« cessairement légalisé ; et ce n'est pas une chose
« bien difficile, quoique vous en disiez, d'obtenir
« une légalisation du maire ou de son adjoint. »
On voit bien que **M.** Baroche n'a jamais été candidat
opposant, ou même simple électeur indépendant
sous l'empire, et qu'il n'a jamais eu de légalisation
à demander.

Pour échapper à l'exigence de la légalisation,
exigence que les membres de la majorité considéraient eux-mêmes comme excessive, un député
proposa de rendre obligatoire la présence à la préfecture, sinon des sept signataires, au moins d'un
seul d'entre eux, au moment de la déclaration.
Cette nouvelle exigence parut encore excessive et
contraire à l'esprit de la loi.

« Qu'importe, disait M. Marie, que les signatai-
« res soient connus ou non ! Qu'importe que leurs
« signatures soient légalisées ou non! En quoi l'au-
« torité a-t-elle besoin de les connaître et de les
« discuter ? De deux choses l'une : ou les person-
« nes qui ont signé sont des personnes agissant
« par elles-mêmes, et non comme prête-noms com-
« plaisants ; ou, au contraire, elles jouent un rôle,
« se présentant frauduleusement en quelque sorte.
« Laissez passer toujours, car la loi n'admet pas
« les résistances de l'autorité. S'il y a fraude, les

« fraudeurs ne tombent-ils pas sous le coup des
« dispositions pénales que vous édictez ? Incontes-
« tablement. Si les signatures ne sont pas franches,
« ne sont pas sincères, non, l'autorité ne peut pas
« pour cela les récuser, refuser le récépissé ; ajour-
« ner ainsi la réunion ; non. Dans les termes de la
« loi, il s'agit pour l'autorité d'accepter ; il faut
« qu'elle accepte nécessairement. L'acceptation est
« une formalité purement matérielle, et, je le répète,
« nécessaire.... Voilà comment j'entends la loi, et
« je ne peux pas l'entendre autrement. Si je l'en-
« tendais comme vous voulez l'entendre, alors ne
« nous dites pas que les réunions, en dehors des
« matières politiques et religieuses, sont de droit ;
« non, du moment où elles sont discutées, cette
« discussion qui implique le refus de la déclaration
« nous fait retomber, en réalité, sous le régime
« de l'autorisation préalable. »

Il n'a rien été répondu à cette argumentation,
aussi logique que serrée.

En fait, à Paris, la préfecture de police n'exige
ni la légalisation des signatures ni la présence des
déclarants.

La déclaration préalable devra non-seulement être
revêtue de la signature de sept personnes domiciliées dans la commune et jouissant de leurs droits
civils et politiques, elle devra indiquer les noms,
qualités et domiciles des déclarants, le local, le
jour et l'heure de la séance, ainsi que l'objet spécial
et déterminé de la réunion.

On comprend l'utilité de ces prescriptions dans la loi actuelle.

Afin de pouvoir rechercher si les déclarants jouissent de leurs droits civils et politiques, il est indispensable de connaître leurs noms, qualités et domiciles.

Afin de pouvoir déléguer un fonctionnaire de l'ordre judiciaire ou administratif pour assister à la séance, il faut savoir où et quand la séance doit avoir lieu.

D'un autre côté, comment l'administration saurait-elle si la réunion est dispensée de l'autorisation préalable ou non, si elle ignorait « l'objet spécial « et déterminé » de cette réunion ? La déclaration fixe le terrain de la discussion et indique s'il s'agit de matières politiques ou religieuses, ou de matières littéraires, scientifiques, artistiques, agricoles, industrielles ou commerciales.

Interpellé sur le sens des expressions, « objet « spécial et déterminé de la réunion, » M. Paulmier répondit : « Toutes les fois qu'il y a réunion, il y a « un objet certain sur lequel on veut délibérer ; on « ne s'assemble pas pour le plaisir de se réunir, « pour le plaisir de parler de toute espèce de « choses ; en général, quand on se réunit, c'est quand « on a un objet sérieux pour se réunir. Il ne sau- « rait donc être difficile de consigner dans une de- « mande l'objet pour lequel on veut se réunir. Eh « bien ! cet objet ne doit pas être vague et indé-

« terminé, et même, malgré l'indication d'un objet
« spécial et déterminé, il y aura trop souvent à
« craindre que les orateurs qui prendront part à la
« discussion ne s'écartent fortement de cet objet
« spécial et determiné indiqué dans la demande. »

Les fonctionnaires chargés de recevoir les déclarations de réunions publiques non politiques,
sont, à Paris : le préfet de police ; dans les départements, le préfet ou le sous-préfet. Ces fonctionnaires devront donner immédiatement un récépissé
de la déclaration, sans pouvoir se permettre ni la
moindre rature ni la moindre observation.

On s'est demandé, en effet, lors de la discussion
de l'art. 2, si l'autorité pouvait refuser de recevoir
une déclaration faite dans la forme voulue, c'est-
à-dire contenant toutes les indications prescrites
par la loi. Il a été parfaitement entendu que le rôle
de l'administration devait se borner à recevoir la
déclaration, et que son devoir était d'en délivrer
immédiatement un récépissé. Il y a plus, l'autorité
ne pourra refuser de donner récépissé, même d'une
déclaration irrégulière. C'est ce qui résulte incontestablement de la substitution, en matière de réunions publiques, du système répressif au système
préventif. Nous avons vu tout à l'heure les raisons
données par M. Marie ; écoutons maintenant M. Josseau, membre de la commission :

« Qu'est-ce que le système préventif ? C'est le
« pouvoir pour l'administration d'empêcher ou d'en-

« traver une réunion ; c'est l'absence de la liberté,
« Qu'est-ce que le système répressif? C'est la li-
« berté reconnue, sauf la répression des abus dé-
« terminés par la loi ; c'est le droit de réuniou con-
« sacré, avec la seule formalité de la déclaration
« mise à la place de l'autorisation préalable. C'est
« en nous plaçant dans ce dernier ordre d'idées
« que nous admettons, nous, qu'il est interdit au
« préfet ou au sous-préfet de refuser une déclara-
« tion, même irrégulière. Ni l'un ni l'autre ne doi-
« vent être juges de sa régularité. Elle demeure
« aux risques et périls des déclarants. Voyez, en
« effet, où nous irions si nous donnions au pouvoir
« administratif le droit d'appréciation en pareille
« circonstance. En cas de refus par le préfet ou
« par le sous-préfet de recevoir une déclaration
« qui, à leurs yeux, ne contiendrait pas toutes les
« énonciations prescrites par la loi, qu'en ré-
« sulterait-il? Des retards jusqu'à ce que la dif-
« ficulté ait été levée ; et par qui le serait-elle ?
« Il en résulterait des entraves à l'exercice du droit
« de réunion, et par suite, peut être, dans certains
« cas urgents, comme en matière électorale, la
« suppression du droit. Cela n'est pas possible.
« Donner un tel pouvoir à un magistrat de l'ordre
« administratif, ce ne serait pas être libéral : ce
« n'est pas ainsi que la commission a entendu ré-
« gler le droit de réunion. »

Il est impossible d'établir plus nettement et d'une

manière plus logique les limites de la mission des fonctionnaires administratif- dont parle l'article 2.

Mais si par hasard un préfet ou un sous-préfet, plus ou moins intelligent ou plus ou moins zélé, s'i·maginait de refuser, sous un prétexte que'conque, malgré la volonté formelle de la loi, de recevoir une déclaration et d'en délivrer immédiatement un récépissé, que faudrait-il faire? Suffirait-il de déférer son refus à ses supérieurs hiérarchiques? Nous ne le pensons pas; car la réponse, en la supposant favorable, pourrait arriver trop tard, c'est à-dire alors que la réunion ne serait plus possible, ou qu'elle serait inefficace. Il ne faut donc pas se courber docilement devant l'arbitraire adminis'ratif. Il f ut faire constater par témoin, ou mieux par le ministère d'un huissier, le fait de la remise de la déclaration, et le fait du refus du récépissé. Dans ces conditions, on aura satisfait complétement au vœu de la loi, et on pourra se réunir, sans exposer aux peines portées par l'art. 9 ceux qui auraient prêté ou loué le local pour la réunion, puisque l'existence de la déclara·tion pourrait être prouvée.

Nous préférons un acte d'huissier à la preuve par témoins, c'est-à dire au témoignage purement verbal. Ce dernier témoignage ne pourrait servir qu'au cas où, devant les tribunaux, le fonctionnaire serait tenté de nier soit la remise de la déclaration, soit le refus du récépissé. Mais nous ne croyons pas que ce simple témoignage pût autoriser les organisateurs d'une réunion à passer outre et à se réunir au lieu, au jour et à l'heure indiqués dans la déclaration, si les agents de l'autorité tentaient de s'y opposer. Nous tirons cette conclusion de la disposition de l'art. 2, d'après laquelle le récépissé « doit être représenté à toute réquisition des agents « de l'autorité. » Il ne nous semble pas qu'un simple témoignage, toujours facile à obtenir, et ne présentant aucun caractère sérieux d'authenticité, puisse tenir lieu d'un récépissé, et offrir les garanties qu'exige la loi.

Mais il n'en serait pas de même d'un acte d'huissier, qui pourrait être représenté à toute réquisition des agents de l'autorité, et qui devrait tenir lieu du récépissé refusé. Qu'exige en effet la loi ? Elle exige la preuve que l'autorité a été avertie du lieu, du jour, de l'heure, et de l'objet de la réunion qui doit se tenir sous la garantie de sept personnes connues et capables. La meilleure preuve consiste évidemment dans la représentation du récépissé. Mais l'absence de ce récépissé n'exclut pas tout autre moyen de preuve, ayant un caractère authentique et pouvant être instantanément vérifié. Une interprétation différente de l'art. 2 pourrait être plus littérale, mais serait à coup sûr complétement judaïque et contraire à l'esprit de la loi. Autant vaudrait dire que l'autorisation préalable, supprimée en droit, serait conservée en fait.

Le droit d'*ajournement* ou de *dissolution* des réunions qui a été abandonné aux fonctionnaires de l'administration, enlève à cette question une grande partie de son importance, puisque l'arbitraire chassé par une porte peut rentrer par deux autres. Mais, au point de vue de la contravention et e l'application de la peine, il est intéressant de savoir si une déclaration régulière a eu lieu ou non. Voilà pourquoi nous avons cru devoir insister un peu sur cette question.

Si, ma'gré la déclaration régulière signifiée par huissier, les agents de l'autorité croyaient devoir ajourner la réunion ou la dissoudre, sous l'unique prétexte de l'absence de la déclaration préalable imposée par la loi, ils commettraient, à coup sûr, un abus de pouvoir, contre lequel il y aurait lieu de se pourvoir. Peut-être, n'y aurait-il pas à s'illusionner beaucoup sur les effets de ce pourvoi, si nous consultions l'histoire des pourvois adressés dans ces derniers temps au conseil d'Etat. Néanmoins, nous conseillons aux citoyens d'agir ainsi, afin qu'on ne puisse les accuser de ne pas avoir accompli leur devoir jusqu'au bout. On ne peut se montrer digne de reconquérir et de conserver la liberté qu'en respectant ou en faisant respecter, dans la mesure du possible, l'autorité souveraine de la loi. L'arbitraire finirait bientôt par disparaître, si toujours et partout, il rencontrait en face de lui des adversaires nombreux et résolus !

§ 5. — *Du local et des heures de réunion.*

Une réunion ne peut être tenue que dans un local *clos et couvert*. Elle ne peut se prolonger au delà de l'heure fixée par l'autorité compétente pour la fermeture des lieux publics (art. 3).

« Indépendamment des garanties qu'il demande
« aux organisateurs ou membres du bureau d'une
« réunion publique, dit l'*Exposé des motifs*, le projet
« a dû maintenir à l'autorité le droit qui lui appar-
« tient d'intervenir, pour assurer l'ordre et le res-
« pect de la loi. Les dispositions de l'art. 3 ont
« pour objet de prévenir des causes de désordre
« ou d'impunité, en ne permettant pas aux réu-
« nions de se tenir au delà de l'heure fixée pour la
« fermeture des lieux publics , et en prohibant les
« rassemblements qui voudraient se former sur la
« voie publique, soit en plein champ, loin de l'ac-
« tion de la police et de toute surveillance. »

Ici, comme toujours, les auteurs de la loi ont éprouvé moins de souci de la liberté des citoyens que de la tranquillité de l'administration. Ils ne se sont pas demandé s'il serait souvent facile, dans un pays où l'outillage libéral laisse tant à désirer, de rencontrer un local *clos et couvert*. S'ils s'étaient contentés d'exiger un local simplement clos, comme une cour, un jardin, un parc, etc. il semble qu'ils auraient suffisamment pourvu aux nécessités de la surveillance, car le local aurait été facilement déterminé. Mais nos législateurs paraissent s'être principalement préoccupés d'empêcher les grandes réunions d'hommes, et surtout d'électeurs, pour lesquelles ils éprouvent une sorte de répugnance instinctive. Il est incontestable que l'exigence de la couverture ne peut avoir eu pour but que de limiter le nombre et l'étendue des locaux pouvant servir à des réunions publiques. En Angleterre, en effet, suivant la juste remarque de M. Pelletan, la plupart des meetings, en temps d'élection, se tiennent en plein air, malgré les difficultés du climat.

Mais en exigeant que toute réunion publique ait lieu dans un local *clos et couvert*, la loi n'a pas entendu prescrire tel mode de clôture ou de couverture, préférablement à tel autre. Elle a voulu interdire seulement, ainsi que le déclare l'exposé des motifs, les réunions dans des endroits où la surveillance serait, sinon tout à fait impossible, au moins fort difficile, comme sur une place ou au milieu des champs. Il importe donc peu en quoi consistera la couverture. Aussi, croyons-nous qu'une cour, au-dessus de laquelle on aura dressé une tente, constituerait un local légalement couvert. C'est ce qui résulte de la réponse suivante faite à M. Eugène Pelletan par un membre de la commission :

« D'où vient, dit M. Josseau, que nous vous
« proposons d'exiger que la réunion soit tenue
« dans un local clos et couvert ? C'est que c'est là

« une de ces garanties réglementaires, qui sont
« chez nous indispensables, pour assurer dans les
« réunions publiques le maintien du bon ordre. Si
« nous étions en Angleterre, si nous avions le ca-
« ractère anglais, nous pourrions permettre peut-
« être les réunions en plein air, les meetings, sans
« de trop grands inconvénients. Mais dans un pays
« comme le nôtre, lorsque l'on connaît le caractère
« si facilement inflammable des Français, on peut
« légitimement craindre qu'il ne s'y produise trop
« souvent des troubles impossibles à réprimer.
« Supposez qu'il s'agit de réunions électorales ; se-
« rait-il prudent de permettre que ces réunions se
« tiennent, je ne dirai pas sur la voie publique, —
« l'opposition elle-même ne le demande pas dans
« son contre-projet, — mais en plein air, dans un
« lieu public, en plein champ, sans *clôture* ni cou-
« verture, là où la foule peut se grouper, s'amon-
« celer, s'accroître même des passants, même des
« premiers venus, même des personnes qui ne sont
« pas électeurs? N'est-il pas à craindre que des
« perturbateurs de toute sorte ne viennent se mê-
« ler à la réunion, y jeter le trouble? La commis-
« sion croit, messieurs, que le but de la réunion,
« qui est d'éclairer les électeurs, serait complète-
« ment manqué et que, dans des conditions sem-
« blables, la police serait non-seulement très diffi-
« cile, mais le plus souvent même impossible. Nous
« croyons qu'il aurait là des dangers sérieux de

« tumulte, de désordre, et c'est ce que, dans l'in-
« térêt même de la liberté des réunions, nous avons
« voulu éviter. Voilà pourquoi nous avons adopté
« la disposition proposée par le gouvernement qui
« prescrit la clôture et la *couverture* du lieu où
« se tiendront les réunions. Est-ce que c'est là ren-
« dre impraticable l'exercice du droit de réunion?
« Est-ce que *dans les grandes villes* il est impos-
« sible de trouver un local clos et couvert?...
« Est-ce que cela est impossible, même dans les
« campagnes? Est-ce qu'il sera difficile d'y trouver
« des lieux clos et couverts? Vous nous demandez
« de déterminer quel pourra être le mode de cou-
« verture. Cela est inutile. Nous ne déterminons
« rien à cet égard. Qu'en résulte-t-il? C'est *qu'il*
« *suffira que le lieu soit clos et couvert d'une ma-*
« *nière quelconque,* pour que la réunion puisse ré-
« gulièrement s'y loger... Un local couvert d'une
« simple toile sera un lieu couvert, dans le sens de
« la loi. »

Nous avons tenu à ne pas abréger cette citation,
afin que nos lecteurs pussent bien se rendre compte
de l'esprit qui animait la commission. A l'exemple
de l'Angleterre, elle répond par cette objection hu-
miliante et presque outrageante, et qui est devenue
une sorte de lieu commun dans la bouche de nos
gouvernants, que les Français sont moins raison-
nables et plus inflammables que les Anglais. Il eût
été plus juste de dire que les Français n'ont pas les

mœurs de la liberté, parce qu'ils ont joui de la liberté moins longtemps que les Anglais ; et plus politique de conclure, qu'il fallait nous donner les institutions de la liberté pour que nous pussions en acquérir les mœurs. Mais il a paru plus facile et plus commode à ceux qui recueillent les avantages du pouvoir, sans en affronter les responsabilités, de calomnier leurs concitoyens et de les maintenir, en fait de libertés, au niveau des Turcs et des Russes.

Les craintes manifestées par M. Josseau, en ce qui concerne les réunions électorales tenues dans un lieu public, sans clôture ni couverture, peuvent être fondées ; mais elles sont, à coup sûr, dérisoires en ce qui concerne les réunions électorales tenues dans un lieu *clos* quoique *non couvert*, comme une cour, un jardin, un parc. L'exigence de la couverture n'est donc qu'une entrave purement gratuite, inspirée non par la crainte fondée du désordre, mais par le désir évident de restreindre et de gêner, autant que possible, les réunions publiques, électorales ou non électorales.

Quoi qu'il en soit, il est constant « qu'un lieu « clos et couvert d'une manière quelconque » pourra recevoir légalement une réunion publique. Une réunion pourra donc se tenir régulièrement sous ces tentes portatives qui, les jours de foires, de fêtes et de marchés, servent habituellement aux divertissements chorégraphiques de la jeunesse.

Voilà un local qu'on peut facilement se procurer

— sauf l'effet de la pression exercée par l'administration sur les directeurs de bals publics — et que nos législateurs n'ont pas prohibé ! Peut-être n'est-ce qu'un oubli de leur part. Que les électeurs viennent après cela se plaindre des rigueurs de la loi du 6 juin !

Quant à l'heure de fermeture des lieux publics, elle varie suivant les localités. Elle est fixée dans chaque commune par un arrêté du maire.

§ 6. — *Du bureau et de ses devoirs.*

Chaque réunion doit avoir un bureau composé d'un président et de deux assesseurs au moins, qui sont chargés de maintenir l'ordre dans l'assemblée, et d'empêcher toute infraction aux lois. Les membres du bureau ne doivent tolérer la discussion d'aucune question étrangère à l'objet de la réunion. (Art. 4.)

« Le projet, dit l'*Exposé des motifs*, n'a qu'un
« seul but en prescrivant ces formalités, c'est de
« créer une responsabilité qui soit une garantie sé-
« rieuse de l'observation de la loi. Toute réunion
« publique nombreuse, quelques bonnes que soient
« ses intentions, a besoin d'être dirigée, organisée
« et maintenue. Livrée à elle-même, elle ne serait
« bientôt qu'un tumulte et peut être un danger pour
« la sécurité publique. Il importe donc qu'elle ait

« des chefs, et il est de toute justice que ceux qui
« la provoquent ou qui président ses délibérations
« soient aussi ses répondants en cas de dommage
« ou d'infraction. »

Cette étrange disposition concernant la responsabilité d'un tiers pour le fait d'autrui, est empruntée à l'art. 293 du code pénal. D'après cet article , « les chefs, directeurs et administrateurs des asso« ciations ou réunions illicites, sont responsables « de ceux qui, par discours, exhortations, invo« cations ou prières, en quelque langue que ce « soit, ou par lecture, affiche, publication ou dis« tribution d'écrits quelconques, auraient fait dans « les assemblées, quelque provocation à des cri« mes ou à des délits. »

Seulement, dans l'art. 293, les chefs, directeurs et administrateurs sont responsables de faits délictueux commis par des tiers et dont ces tiers commencent par être eux-mêmes personnellement responsables : ce qui est une garantie pour ces chefs, directeurs et administrateurs. Ces tiers, en effet, trouvent un frein naturel dans leur propre responsabilité.

Il n'en est pas de même dans l'art. 4 de la loi du 6 juin 1868. Ici, le bureau est responsable de faits accomplis par des auditeurs ou des orateurs qui, en les accomplissant, peuvent n'avoir commis aucun crime, aucun délit. Qu'un orateur, venu on ne sait d'où, s'obstine à vouloir discuter une question étrangère à l'objet de la réunion, il le peut faire, sans commettre aucun délit, ni aucune contravention ; pourtant, en agissant ainsi, il expose les membres du bureau à une condamnation, qui peut s'élever de 100 à 3,000 fr. d'amende, et de six jours à six mois d'emprisonnement. Le sort du bureau serait donc entre les mains d'un orateur malveillant ou ignorant, si l'art. 4 ne renfermait pas un correctif à cette règle absolue de la responsabilité du président et des assesseurs. La loi, en effet, ne dit pas que le bureau sera responsable de la discussion d'une question étrangère à l'objet de la réunion. Elle dit, ce qui est bien différent, que le bureau sera responsable, lorsqu'il aura *toléré* la discussion d'une question étrangère à l'objet de la discussion. Le bureau sera donc à l'abri de toute responsabilité, lorsqu'il aura arrêté, ou lorsqu'il aura fait tous ses efforts pour arrêter la discussion d'une question étrangère à l'objet de la réunion ; car alors on ne pourra pas dire qu'il aura « toléré » cette discussion.

Ce n'est pas le simple fait de la discussion prohibée que la loi prévoit et réprime, mais bien la tolérance de ce fait. En d'autres termes, le bureau n'est responsable des écarts de discussion que lorsqu'il paraît s'y associer par son silence : ce qui suppose une sorte de complicité. Il y a donc à apprécier une question d'intention en même temps qu'une question de fait. La responsabilité de l'article 4 ne sera encourue, que lorsque le bureau aura *toléré* la discussion d'une question étrangère à l'objet de la réunion.

Le décret du 28 juillet 1848 sur les clubs avait aussi édicté la responsabilité des membres du bureau. Mais cette responsabilité n'était également encourue, qu'au cas de faute personnelle : 1° si le bureau avait *provoqué* un fait défendu par la loi, ou si, en étant informé, il ne l'avait pas *empêché*, en ordonnant l'expulsion immédiate des délinquants ; 2° s'il avait *autorisé* les contraventions prévues par la loi ; 3° s'il avait assisté aux séances, sans que les règles prescrites par le décret aient été observées.

Ainsi donc, les membres du bureau seraient passibles des peines portées par l'art. 9 de la loi, s'ils toléraient « la discussion d'une question étrangère « à l'objet de la réunion. » Mais que faut-il entendre par ces mots : *discussion d'une question étrangère à l'objet de la réunion ?* La loi n'a pas voulu atteindre évidemment les allusions, les digressions et les longueurs auxquelles les orateurs, même les plus expérimentés, ont souvent beaucoup de peine à se soustraire, et auxquelles les orateurs novices se laissent si facilement entraîner. Il ne serait pas plus raisonnable de proscrire l'inexpérience que de prescrire le talent. Le gouvernement, en effet, pas plus que l'ordre public, ne serait mis en péril ni même menacé de la moindre atteinte, parce qu'un orateur n'aurait pas su se maintenir strictement dans son sujet.

Il est, d'ailleurs, difficile, avant qu'un orateur ait terminé son discours, de juger si telle digression apparente n'est pas, au contraire, une habile et savante combinaison d'artiste. Chacun possède sa manière d'argumenter. L'un va directement au but, pendant que l'autre procède par voie de comparaison. Celui-ci s'adresse à l'imagination ; celui-là préfère parler à l'intelligence, etc. etc. Un fonctionnaire, souvent illettré, pour ne pas dire toujours, ne peut pas sérieusement être érigé en juge des formes et des procédés de discussion d'un orateur.

D'un autre côté, il ne faut pas oublier que si les tribunes publiques ont été relevées, c'était, suivant la déclaration qui en a été faite au sénat par M. le ministre de l'intérieur, « pour habituer l'ouvrier et « l'électeur à faire eux-mêmes, pacifiquement et « sans trouble, leurs propres affaires. » Il serait donc déraisonnable et contradictoire avec le but déclaré de la loi, d'exiger de ces ouvriers, de ces électeurs, qu'on voit avec plaisir monter à une tribune, une rigueur de plan et une proportion de parties dont peu d'académiciens seraient capables.

Tel n'est pas évidemment le sens des expressions dont nous essayons de définir et de préciser la portée. Selon nous, l'article 4 trouve son explication dans la combinaison des art. 1 et 2.

Ainsi que nous l'avons déjà vu, le législateur n'a

pas voulu soustraire à la nécessité de l'autorisation préalable, « les réunions publiques ayant pour ob- « jet de traiter de matières politiques ou reli- « gieuses. » Sous ce rapport, il n'a pas voulu renoncer au système préventif. C'est précisément pour cette raison que l'art. 2 a exigé la déclaration « de l'objet spécial et déterminé de la réunion. » Car si cet « objet spécial et déterminé » rentrait dans « les matières politiques ou religieuses, » l'autorité aurait le droit de soumettre la réunion, d'après l'article 1er, à la nécessité de l'autorisation préalable. Or, lorsqu'après la déclaration de « l'objet spécial et déterminé de la réunion, » aucune opposition ne s'est manifestée de la part de l'autorité dans les trois jours qui ont suivi la délivrance du récépissé, on peut être assuré que l'administration ne considère pas cet « objet » comme se rattachant aux matières politiques ou religieuses. On n'a donc pas à redouter sur ce point l'appréciation inintelligente, arbitraire ou capricieuse d'un agent subalterne, appréciation, du reste, dont la manifestation tardive pourrait entraîner des inconvénients de plus d'une sorte. Les orateurs qui ne sortiront pas de « l'objet spécial et déterminé » de la réunion se trouvent ainsi protégés contre les excès de zèle des commissaires de police par l'inaction significative des préfets ou sous-préfets.

Seulement, le législateur pouvait craindre que, pour échapper à la nécessité de l'autorisation préalable maintenue par l'art. 1er pour la discussion des matières politiques ou religieuses, la déclaration exigée par l'art. 2 de « l'objet spécial et déterminé » de la réunion, ne fût pas sincère. C'est précisément pour donner une sanction à l'art. 1er et pour se garantir contre le défaut de sincérité, qui aurait eu pour but d'échapper par une fausse déclaration à la nécessité de l'autorisation au préalable, que l'art. 4 interdit aux membres du bureau de tolérer la discussion d'aucune question étrangère à l'objet de la réunion, et que l'art. 6 a donné le droit au fonctionnaire dont nous parlerons plus tard de prononcer la dissolution de l'assemblée.

L'esprit du second paragraphe de l'art. 4 est donc parfaitement clair. La loi n'a pas voulu que, sous le couvert d'une fausse déclaration indiquant un objet spécial et déterminé, étranger aux matières politiques ou religieuses, on pût traiter de ces sortes de matières. Ce n'est donc qu'autant que les questions étrangères à l'objet déclaré de la réunion seraient des questions politiques ou religieuses, que la tolérance du bureau serait répréhensible et tomberait sous l'application de l'art. 9. Quant aux questions ou digressions n'ayant aucun rapport avec les matières politiques ou religieuses, fussent-elles étrangères à l'objet de la réunion, nous ne croyons pas que leur discussion puisse légitimer la dissolution de l'assemblée.

Quoi qu'il en soit, l'étude à laquelle nous venons

de nous livrer, dans l'intérêt des principes, ne nous paraît pas offrir un très grand intérêt pratique. Lorsqu'une question quelconque, en effet, sera à l'ordre du jour d'une réunion, il importera fort peu au fonctionnaire de l'ordre judiciaire ou administratif, dont parle l'art. 5, que la discussion s'égare ou non, si le terrain réservé et défendu de la politique et de la religion n'est pas abordé. L'intérêt du gouvernement ou de la sécurité publique, qui seul peut justifier, dans une certaine mesure, une restriction à la liberté des citoyens, ne serait nullement en jeu. D'un autre côté, si des orateurs, en dehors de la politique et de la religion, veulent discuter une question étrangère à celle discutée dans une réunion, ils pourront provoquer une autre réunion en prenant le soin de changer leur ordre du jour.

L'article 9 punit toute infraction aux prescriptions de l'art. 4 de peines très-sévères. Quelles sont les prescriptions de l'art. 4 qui peuvent entraîner l'application de ces peines ?

Il y a d'abord la prescription de la formation d'un bureau, « composé d'un président et de deux asses- » seurs au moins ». Cette formation, ainsi qu'il résulte du § 3 de l'art. 9, est sous la responsabilité des « organisateurs » qui peuvent très bien, ainsi que nous l'avons vu sous l'art. 2, être autres que les « déclarants. »

La deuxième prescription est celle qui est faite

aux membres du bureau de ne pas tolérer la discussion d'aucune question étrangère à l'objet de la réunion. Nous venons de voir dans quel sens il faut entendre cette prescription.

D'après notre art. 4, le bureau est *chargé* « de « maintenir l'ordre dans l'assemblée et d'empêcher « toute infraction aux lois. » Faut-il voir dans ces expressions la simple énonciation de la fonction du bureau, ou une prescription nouvelle munie d'une sanction pénale ? Le doute est au moins permis.

Pourrait-on appliquer au bureau le § 3 de l'art 9, « s'il n'avait pas maintenu l'ordre dans l'assem- « blée », ou « s'il n'avait pas empêché toute in- « fraction aux lois » ? — Nous ne le pensons pas. — L'ordre a pu être troublé, sans qu'il y eût de la faute du bureau, et même malgré lui. Une infraction à la loi a pu être commise, sans que le bureau pût l'empêcher, et même sans qu'il la connût. Dans l'un et l'autre cas, la responsabilité du bureau ne pourrait se comprendre. Cette responsabilité serait contraire à la raison, à la justice, au bon sens, elle serait même contraire à l'esprit de cette loi du 6 juin, pourtant si draconienne, puisque l'art. 4, quand il s'agit de la discussion d'une question étrangère à l'objet de la réunion, ne rend le bureau responsable que s'il y a eu tolérance de sa part et en quelque sorte complicité.

Mais si le bureau avait toléré le désordre ou l'infraction à la loi, cette tolérance tomberait-elle sous l'application de l'art. 9 § 3 ? — Nous ne le croyons pas encore. — Rien dans l'article 4 ne permet de considérer la mission du bureau « de maintenir « l'ordre dans l'assemblée et d'empêcher toute in- « fraction aux lois » comme une obligation positive, formelle, impérative, sanctionnée par l'application d'une peine. Quand il prévoit la formation d'un bu- reau, le législateur dit : « Chaque réunion *doit* avoir « un bureau, etc. » Quand il prescrit la défense de discuter toute question étrangère à l'objet de la réu- nion il dit : « Les membres du bureau ne *doivent* « tolérer, etc. » Ici, rien n'indique le commande- ment, rien ne trahit l'obligation. On se borne à constater accessoirement , par une proposition in- cidente, que « le bureau est chargé, etc. », au lieu de dire, comme précédemment : « Le bureau *doit* ». Le législateur n'a voulu évidemment que rappeler les devoirs de tout bureau, sans transformer ces devoirs purement moraux en obligation légale.

C'est ainsi d'ailleurs que le Corps législatif a en- tendu l'art. 4. Ni dans l'exposé des motifs, ni dans le rapport, ni dans la discussion, personne n'a vu plus de deux prescriptions dans l'art. 4. Dans le rapport supplémentaire, qui a été présenté à la chambre après le renvoi de l'art. 9 à la commission, le rapporteur, en énumérant les cas de responsa- bilité prévus et punis par la loi, ne relève dans l'art. 4 contre le bureau que le fait d'avoir toléré la discussion d'une question étrangère à l'objet de la réunion. Lors de la discussion, M. Paul Bethmont a fait l'énumération des nombreuses contraventions créées par la loi. Il s'élevait avec énergie contre ce luxe de contraventions. Il se serait bien gardé d'en omettre une seule. Eh bien! il ne parle pas, lui non plus, de la contravention qui consisterait, de la part du bureau, à n'avoir pas maintenu l'ordre dans l'assemblée, et à n'avoir pas empêché toute infraction aux lois.

Nous aurons à rechercher, sous l'art. 6, quels sont les droits du fonctionnaire qui assiste à la réunion, en cas de désordre ou d'infraction à la loi.

§ 7. — *De la présence du représentant de l'autorité.*

Un fonctionnaire de l'ordre judiciaire ou administratif, délégué par l'administration, peut assister à la séance.

Il doit être revêtu de ses insignes et prend une place à son choix. (Art. 5).

Le fonctionnaire qui assiste à la réunion a le droit d'en prononcer la dissolution : 1° si le bureau, bien qu'averti, laisse mettre en discussion des questions étrangères à l'objet de la réunion ; 2° si la réunion devient tumultueuse.

Les personnes réunies sont tenues de se séparer à la première réquisition.

Le délégué dresse procès-verbal des faits et le transmet à l'autorité compétente. (Art. 6).

Le but de ces dispositions, qui ont été vivement critiquées par MM. Paul Bethmont et Ernest Picard, Jules Favre et Jules Simon, a été indiqué de la manière suivante dans l'*Exposé des motifs* : « Les « art. 5 et 6 donnent à l'administration la faculté « de se faire représenter dans toute assemblée « publique, et, nous le disons nettement, *même* « *dans les assemblées préparatoires électorales*, avec « le droit d'en prononcer la dissolution, dans des « cas déterminés. Ce n'est pas non plus la première « fois que cette disposition se trouve écrite dans « la loi. Elle est empruntée au décret du 28 juillet « 1848, et nous la croyons nécessaire, non-seule- « ment au point de vue de l'ordre public, mais en- « core dans l'intérêt même des réunions qui auront « à cœur de fonctionner utilement et paisiblement. « Le droit de l'autorité de pénétrer dans tous les « lieux publics où se font des rassemblements ne « saurait, d'ailleurs, être contesté, et la présence « d'un fonctionnaire, qui se montre revêtu de ses « insignes, ne peut être une gêne que pour ceux « qui voudraient faire de la loi un usage illégi- « time. »

Ici encore se trahit ce sentiment invétéré de la défiance à l'égard des citoyens, sentiment qui ne se comprend véritablement pas après dix-huit années d'un règne, dont on se plaît chaque jour à célébrer les bienfaits inouïs, les prospérités sans exemple et les gloires éclatantes. Pourquoi ces éternelles craintes, si peu flatteuses pour les gouvernants, si peu respectueuses pour les gouvernés ? Croit-on que les citoyens ne peuvent se réunir que pour conspirer ou pour menacer la sécurité publique ?

On sent si bien que ces précautions excessives ne sauraient facilement se justifier par elles-mêmes, qu'on éprouve le besoin d'invoquer l'exemple de 1848. Mais on oublie que le gouvernement de cette époque se trouvait au lendemain d'une révolution, qui avait remis en question tous les principes sociaux, qui avait surexcité tous les esprits et qui avait ainsi rendu nécessaires certaines mesures d'ordre, purement transitoires. Agir ainsi, après tant d'années de calme, alors qu'on prétend avoir remis la pyramide sur sa base, alors qu'on se flatte de l'appui visible de la providence, c'est plus que de la modestie, c'est de la peur.

Quoi qu'il en soit, il n'est pas plus sérieux d'invoquer « l'intérêt même des réunions, » pour justifier la présence et les pouvoirs d'un représentant de l'autorité dans les réunions publiques non politiques et dans les réunions publiques électorales. L'expérience nous a déjà suffisamment édifié sur le rôle que jouent, dans les réunions organisées en vertu de la nouvelle loi, les fonctionnaires de l'ordre administratif qui siégent au bureau. Non-seulement leur présence sert aux orateurs de stimulant et d'aiguillon, mais leurs avertissements, quelquefois intempestifs et fréquemment renouvelés, finissent par provoquer les assemblées les plus calmes et les mieux disposées.

La Commission du Corps législatif a trouvé si naturelles les dispositions des articles 5 et 6, qu'elle n'a pas jugé utile d'ajouter un mot aux considérations, par lesquelles l'Exposé des motifs avait essayé de les appuyer.

Bien que la présence du fonctionnaire offre plutôt le caractère d'une menace contre la liberté que d'une protection contre le désordre, elle pourrait être admise, à la rigueur, si ce fonctionnaire présentait toutes les garanties désirables d'intelligence, de tact et de sincérité. Malheureusement il est à craindre qu'il n'en soit pas toujours ainsi.

« On a moins souvent affaire à Dieu qu'à ses
« saints, disait M. Jules Simon, et on ne peut pen-
« ser que tous les agents du ministre seront aussi
« intelligents que lui. Si, par exemple, notre juge
« est un maire de campagne, je ne me fierai pas
« à l'interprétation qu'il lui plaira de donner à ces
« mots de religion et de philosophie, et je ne me
« trouverai pas dans de très-bonnes mains, me
« trouvant dans les siennes. — Je parle du maire,
« et le maire, je m'empresse de l'ajouter, offre
« presque partout des garanties. Il est un autre
« personnage dans la loi… qui m'embarrasse singu-
« lièrement, que je ne connais pas jusqu'à présent,

« et dont j'aurais besoin qu'on me fît connaître le
« caractère, car il sera investi contre moi d'un droit
« redoutable ; ce fonctionnaire , chargé d'appré-
« cier mes discours, et qui peut à son gré m'ôter
« la parole et disperser la réunion, je me demande
« s'il aura le sentiment de mon droit et de sa res-
« ponsabilité, s'il sera seulement capable de me
« comprendre. »

On s'explique que nous n'insistions pas sur cette
question brûlante, dont les nombreuses dissolutions de réunions publiques prononcées à Paris
dans ces derniers temps nous ont montré toute
l'importance.

A une nouvelle interpellation de M. Pelletan sur
la qualité des fonctionnaires auxquels serait remis
le soin de surveiller les réunions, M. Lenormant
répondit qu'il ne s'agissait pas d'agents subalternes,
comme on paraissait le croire. M. le commissaire
du gouvernement fit même remarquer que c'était à
dessein que dans le texte de la loi on avait employé les expressions « fonctionnaire de l'ordre judiciaire ou administratif, » au lieu de se servir du
mot « agent. » Ces expressions, dit-il, s'appliquent
« par exemple, aux préfets, aux sous-préfets, aux
« maires, aux commissaires de police, aux juges
« de paix. Et quand mes honorables contradicteurs
« parlent de réunions dans les campagnes, donner
« cette mission aux maires *investis de la confiance*
« *publique*, ce n'est pas là assurément faire inter-
« venir des personnages incompétents. »

M. le commissaire du gouvernement a oublié que, d'après la législa ion actuelle, les maires peuvent n'être pas « investis de la confiance publique », puisque les préfets ont le droit de les choisir parmi les hommes que leurs concitoyens n'ont pas jugés dignes du mandat municipal. Les préfets qui ont usé de ce droit excessif ne sont pas rares. Que devient alors l'argumentation de M. Lenormant ? Elle est détruite par les faits eux-mêmes.

Quelles garanties d'impartialité présentent les préfets, surtout quand il s'agira de réunions électorales préparatoires ? N'y a-t-il pas des préfets plus soucieux de leur avancement que respectueux du droit, des préfets zélés, de ceux qu'on a surnommés avec raison *préfets à poigne* ? On sait ce que pèse dans leurs mains la liberté électorale.

Quant aux juges de paix, dont la belle mission a été si complétement altérée dans ces derniers temps par leur intrusion dans les affaires de la politique, nous ne pouvons que regretter leur présence dans les réunions publiques. Le précieux caractère d'une juridiction, qui devait être paternelle, se perd de jour en jour. Déjà, on exigeait d'eux des rapports secrets sur leurs justiciables; aujourd'hui, on leur demande la surveillance publique de leurs concitoyens. Que devient la dignité, qui engendre le respect ? Que devient l'impartialité , qui inspire la confiance ? — Il n'est pas séditieux d'espérer qu'on s'arrêtera enfin dans cette voie funeste, et que même on reviendra en arrière.

Lors de la discussion, M. Paul Bethmont ex-
prima l'avis que le fonctionnaire fût placé à côté du
bureau, afin d'être mieux en vue. Selon l'honorable orateur, les fonctionnaires qui prennent des
places à leur choix, peuvent, à un moment donné,
paraître des agents secrets : ce qui ne serait ni digne, ni conforme au principe du respect dû à l'autorité.

« Cet article, répondit M. Lenormant, est conçu
« dans des termes identiques à ceux du décret de
« 1848..... — Dans la discussion générale, on a
« parlé du costume du fonctionnaire délégué. Il
« n'est pas question de costume dans la loi ac-
« tuelle, pas plus que dans le décret de 1848. Le
« fonctionnaire doit être revêtu de ses insignes, et
« il doit, comme cela était prescrit dans le décret
« de 1848, prendre une place à son choix.....
« Cela veut dire qu'il n'a pas à subir la loi de ceux
« par qui il doit la faire exécuter. »

Nous pouvons faire remarquer en passant que
les hommes du gouvernement actuel ont une ten-
dance très-prononcée à invoquer les actes de la
république de 1848. Nous avouons ne pas comprendre beaucoup cette manière d'argumenter. Si
toutes les lois élaborées en 1848 ont été excel-
lentes, il n'était pas nécessaire de les abroger, ni
surtout d'avoir recours à la violence pour le faire.
Si, au contraire, elles ont toutes été exécrables, il
est au moins étrange de les voir invoquer pour es-

sayer de justifier des dispositions analogues. Si les unes ont été bonnes et les autres mauvaises, la logique et la raison commandent de n'imiter que les bonnes, en prouvant qu'elles sont telles, indépendamment des questions contingentes de temps , de lieu et de personnes.

Il nous reste maintenant à rechercher quels sont les pouvoirs du fonctionnaire chargé d'assister aux réunions.

§ 8. — *Pouvoir du fonctionnaire.*

Nous avons vu que le fonctionnaire qui assiste à la réunion, a le droit d'en prononcer la dissolution, dans certains cas prévus par la loi.

C'est assurément une mesure fort grave en elle-même, comme dans ses conséquences possibles, que celle qui consiste à dissoudre une réunion publique régulièrement organisée.

Nous appelons tout spécialement sur ce point, l'attention des citoyens et des agents de l'autorité.

La liberté ne peut manquer d'être atteinte par l'accomplissement de faits qui rendraient une dissolution nécessaire. Il faut espérer que les citoyens éviteront, avec le plus grand soin, tout ce qui pourrait compromettre le droit si utile de réunion, droit si tardivement et si incomplétement restitué.

D'un autre côté, les représentants du pouvoir y

regarderont à deux fois avant d'user du droit rigoureux et redoutable, que la loi a remis entre leurs mains. Ils songeront que ce serait s'exposer gratuitement à causer du trouble et du désordre, à porter atteinte au prestige de l'autorité, et à rendre le gouvernement impopulaire, que de se laisser aller contre les réunions publiques à d'inintelligentes et mesquines tracasseries, comme cela a eu lieu de la part de certains commissaires de police parisiens.

Une dissolution sera donc un fait nécessairement rare et exceptionnel. S'il en était autrement, c'est que les citoyens ne seraient pas suffisamment mûrs pour la liberté, ou plutôt, c'est que la restitution du droit n'aurait été, ni loyale ni sincère.

C'est surtout pendant la période électorale que les dissolutions seront à craindre de la part de fonctionnaires, plus zélés qu'adroits. On sait que certains préfets ne reculent, devant aucune illégalité ni même devant aucune violence, pour faire triompher des candidats qui ne se recommandent que par leur docilité et leur servilisme. Les citoyens auraient plus à se féliciter qu'à s'effrayer d'une dissolution arbitraire, si par leur prudence et par un calme qui n'exclut pas la fermeté, ils avaient pris soin de ne pas fournir le moindre prétexte à un coup d'Etat de ce genre.

Le fonctionnaire qui assiste à la réunion peut d'abord en prononcer la dissolution « si le bureau,

« bien qu'averti, *laisse* mettre en discussion des
« questions étrangères à l'objet de la réuniou. »

Nous avons vu, sous l'art. 4 de la loi, ce qu'il
faut entendre par ces mots : « questions étrangères
« à l'objet de la réunion. » Cela ne s'applique pas
évidemment aux digressions, aux divagations et
aux longueurs d'un orateur, qui ne fera que passer
à côté des matières politiques ou religieuses sans
les aborder. Il ne suffirait pas qu'un orateur inex-
périmenté ou malveillant ait mis le pied sur le terrain réservé par la loi, pour que la réunion puisse ou doive être dissoute. Chaque fois que le bureau aura pris la peine de rappeler à la question
l'orateur qui s'en écarte d'une manière évidente, la
dissolution ne pourra être prononcée. Il importe
peu que le bureau ait agi spontanément ou sur l'avis
du fonctionnaire, pourvu qu'il ait signalé l'écueil.
Seulement, si l'orateur persiste, ma'gré le rappel à
la question, à traiter les matières étrangères à l'objet de la réunion, il n'est pas indifférent de savoir
qui a pris l'initiative du rappel à la question. Si c'est
le fonctionnaire, il suffira du silence du bureau,
en présence de la persistance de l'orateur, pour
que la dissolution puisse être prononcée. Si c'est
au contraire le bureau, il faudra, pour que la dissolution puisse être prononcée, que le fonctionnaire
ait donné, lui aussi, un avertissement, dont il ne
serait pas tenu compte. Il appartient à un bureau
intelligent et dévoué de prévenir l'avertissement du

fonctionnaire. Si cet avertissement n'a pu être prévenu, l'orateur pourra écarter le péril de la dissolution, en rentrant dans la question. S'il n'y rentre pas, le devoir du bureau est de lui retirer la parole.

Si l'orateur, après avoir tenu compte d'un premier avertissement du fonctionnaire, fait un nouvel écart, la dissolution pourra-t-elle être prononcée, sans un nouvel avertissement du fonctionnaire? Nous ne le pensons pas. La loi exige pour que la dissolution puisse être prononcée, que le bureau ait *toléré* la discussion d'une question étrangère à l'objet de la réunion, etc. que, malgré l'avertissement de ce fonctionnaire, il ait *laissé* mettre une pareille question en discussion. Il est donc indispensable que le bureau se soit associé par son silence à la discussion de l'orateur, et qu'une sorte de conflit se soit élevé entre le bureau et le fonctionnaire, sur les limites du droit de discussion. Or, si l'orateur, après être sorti de la question, y est rentré sur les observations du fonctionnaire, il n'y a pas eu l'ombre d'un conflit. La dissolution ne pourrait être prononcée que si, en cas de nouvel écart, un deuxième avertissement n'amenait ni le silence volontaire de l'orateur, ni le retrait de la parole par le bureau. Le conflit alors serait incontestable.

Le fonctionnaire qui assiste à la réunion a encore le droit d'en prononcer la dissolution, lorsque la réunion devient « tumultueuse. »

Dans quel sens, exact et précis, cette expression « tumultueuse » doit-elle être prise ?

Nous nous trouvons de nouveau en présence d'une question dont l'appréciation, qui est des plus délicates, a été abandonnée à la haute sagesse et à la prudence consommée de fonctionnaires qui le plus souvent seront des commissaires de police. On ne peut s'empêcher de se demander où est la garantie des citoyens contre l'arbitraire, le caprice, l'inintelligence ou la partialité. Cette garantie ne se rencontre nulle part. — Les fonctionnaires ne sont responsables, grâce à l'art. 75 de la constitution de l'an VIII, que devant leurs chefs, qui eux-mêmes ne sont responsables que devant le chef de l'Etat, qui lui-même n'est responsable que devant la nation !!!

Il est impossible, en France comme ailleurs, d'empêcher les citoyens qui assistent à une réunion publique de manifester extérieurement leur approbation ou leur désapprobation. On ne peut avoir la prétention de refaire la nature humaine. Il serait même regrettable que nous puissions comprimer et étouffer l'expression de nos sentiments. Cela est vrai socialement, mais surtout politiquement parlant. N'est-il pas sage et prudent, dans un pays de suffrage universel, non-seulement de laisser, mais même de fournir à l'opinion publique l'occasion de se manifester ? La difficulté est de tracer la limite entre une manifestation naturelle, légitime et paisib'e, quoique vive, et une manifestation tumultueuse. A quel signe distinguer ce qui est permis de ce qui est défendu? Où commence la réunion tumultueuse? où finit la réunion animée?

Dans le silence de la loi, silence fort regrettable — car toutes les bonnes lois sont claires et précises, afin d'abandonner le moins possible à l'arbitraire du juge — nous sommes obligé d'avoir recours aux dictionnaires. Les dictionnaires définissent le tumulte, « un grand mouvement accompagné de bruit et de désordre. » Il ne suffira donc pas qu'une réunion soit bruyante pour que la dissolution en puisse être prononcée; il faudra de plus qu'elle soit agitée et désordonnée. Nous nous demandons même, si ces conditions suffiraient pour justifier l'intervention de l'autorité. Qu'importe, en effet, à l'autorité que tel ou tel orateur puisse difficilement se faire entendre, et que la discussion soit gênée et entravée par de nombreuses et bruyantes interruptions ! L'autorité est complétement désintéressée dans le débat, tant qu'il n'empiète par sur le terrain défendu de la politique et de la religion, tant qu'il ne trouble pas l'ordre public, tant qu'il ne porte pas atteinte à la sécurité des citoyens.

La loi a voulu éviter les dangers qui peuvent résulter de l'échauffement et de l'irritation des esprits. Elle s'est proposé d'assurer la protection de tous. Tant que des rixes ne sont pas à craindre, l'intervention du fonctionnaire qui assiste à la réunion serait plus nuisible qu'utile. Il y aura évidemment dans la plupart des cas plus de garanties d'ordre dans une prudente abstention que dans une intervention intempestive. Mais si les assistants paraissent disposés à en venir aux mains, la dissolution de la réunion devra être prononcée. Et comme cette dissolution pourrait être impuissante à conjurer le péril, les personnes réunies sont tenues, sous peine d'amende et d'emprisonnement, de se séparer à première réquisition.

On conçoit dès lors que le fonctionnaire délégué doive dresser procès-verbal des faits et transmettre son procès-verbal à l'autorité compétente, afin que cette autorité puisse apprécier la conduite respective de chacun, public, orateurs et délégué.

Il arrivera fréquemment que le fonctionnaire délégué sera intéressé à présenter son rapport dans un sens plutôt que dans un autre; il pourra également arriver que ce fonctionnaire aura mal compris et mal rapporté les paroles entendues. Dans ces divers cas, c'est aux orateurs et au bureau à faire la preuve de la vérité, par tous les moyens qui sont en leur pouvoir. Dans l'affaire Pindy, par exemple, on a pu établir que le commissaire de police, aidé de son secrétaire et d'un sténographe, avait inexactement reproduit le sens d'un discours prononcé dans une réunion publique de Paris. Aussi le prévenu a-t-il été acquitté. (*Jugement de la* 6e *chambre du tribunal de police correctionnelle de la Seine, du 4 février 1869.*) Il est permis de se demander, après cela, quelle peut être la valeur d'un

procès-ve1bal dressé par l'une des parties intéres
sées. — Nous laissons à la sagacité et aux souvenirs de nos lecteurs le soin de faire la réponse.

Sous l'art. 10, nous examinerons les conséquences du refus de se séparer à la première réquisition
du fonctiounaire délégué, lorsque ce fonctionnaire
aura violé la loi en prononçant la dissolution d'une
réunion en dehors des cas de l'art. 6.

§ 9. — Droit des Maires.

« Il n'est pas dérogé par les art. 5 et 6 (concer-
« nant les droits des fonctionnaires délégués), aux
« droits qui appartiennent aux maires en vertu des
« lois existantes. (Art. 7). »

Cette disposition, qui n'existait pas dans le projet
de loi primitif, tel qu'il était sorti des délibérations
du conseil d'Etat, a été ajoutée par la commission
du Corps législatif.

Voici en quels termes M. Peyrusse, rapporteur,
essayait de justifier cette addition :

« A côté du droit spécial que le projet attribue
« au fonctionnaire délégué pour assister à la séance,
« de prononcer dans certains cas prévus la disso-
« lution de la réunion, nous avons entendu main-
« tenir dans leur entier les droits que les maires
« tiennent de la législation existante, de veiller au
« maintien du bon ordre dans les réunions publi-

« ques, et d'ordonner les mesures et précautions
« nécessaires pour atteindre ce but. Le droit du
« maire n'affaiblit point l'exercice du droit de réu-
« nion ; il est une protestation contre ses abus. Ce
« droit du maire et celui du fonctionnaire délégué
« diffèrent, mais ne sont point incompatibles. »

Ici encore, comme dans tous les articles de cette
loi, qui devait, disait on, prouver à la malveillance que les promesses du 19 janvier avaient été sérieuses et ne devaient pas demeurer une lettre
morte, se remarque la préoccupation, non pas de
garantir la liberté des citoyens, mais d'assurer l'autorité des fonctionnaires de tous les degrés. C'est
là le trait caractéristique des lois inspirées par le
régime impérial. Les droits des mandants sont sacrifiés avec une certaine aisance à la sécurité et
même à la quiétude des mandataires.

Mais quels sont ces droits des maires, que la
chambre de 1869, cette chambre introuvable,
composée presque exclusivement de candidats officiels, a cru devoir rappeler par un article spécial ?

C'est ce que la discussion de la loi va nous ap-
prendre.

MM. Maurice Richard et Ernest Picard, trouvant
que la disposition de l'article 7 était inutile et sura-
bondante, et craignant même qu'elle n'amenât des
conflits entre les fonctionnaires délégués et l'autorité
municipale, avaient demandé la suppression de cet
article. M. Pinard, tout en reconnaissant que l'ad-

dition proposée par la commission pourrait paraître
superflue aux jurisconsultes, déclara qu'au point de
vue pratique elle avait sa raison d'être.

« L'art. 6, dit M. le ministre, indique d'une façon
« très claire les droits spéciaux créés par la loi
« nouvelle, droits qui consistent à avertir l'orateur
« s'il s'écarte de la question, à dissoudre, au be-
« soin, la réunion si elle devient tumultueuse. Ces
« droits spéciaux n'appartiennent qu'au fonction-
« naire spécial délégué près de la réunion. Si donc
« le maire vient à la réunion, ce ne sera pas pour
« dissoudre l'assemblée, comme le ferait le fonc-
« tionnaire spécial. Le maire n'a, aux termes de
« l'art. 7, que le droit général que lui confèrent les
« lois antérieures de 1790 et de 1791. Ce droit
« général, il l'a eu sous tous les régimes ; c'est le
« droit de surveiller toutes les réunions publi-
« ques formées sur le territoire de la commune.
« S'il se commet des crimes, s'il se commet des
« délits, des contraventions générales, des délits de
« droit commun, le maire peut et doit, à raison de
« sa qualité de maire, dresser procès-verbal. Si la
« réunion devient tumultueuse, si elle menace la
« tranquillité publique, il n'a pas besoin du projet
« de loi pour exercer son droit ; sans se préoccuper
« du fonctionnaire spécial et des droits spéciaux
« donnés à ce fonctionnaire délégué, il arrive
« comme maire, il peut et doit, comme maire, re-
« quérir la force publique, faire cesser le tumulte

« en mettant fin à la réunion et en fermant les
« portes. »

Voilà qui est clair.

Les réunions publiques, même les réunions publiques électorales, pourront être soumises à la
surveillance de deux fonctionnaires, ayant les
mêmes pouvoirs en vertu de lois différentes.

Qu'arrivera-t-il si le fonctionnaire délégué n'est
pas d'accord avec le maire sur la nécessité de
prononcer la dissolution d'une réunion sous prétexte de tumulte ? Nous avons vu combien il est
difficile de discerner le tumulte de l'animation légitime. Il n'importe ! L'autorité du fonctionnaire délégué, qui peut n'être qu'un simple commissaire de
police, s'inclinera devant celle de M. le maire. Il
est possible, il est vrai, que M. le maire soit candidat et qu'il s'agisse dans la réunion de discuter
ses titres et ses mérites; il est possible que la candidature de M. le maire soit accueillie avec froideur,
et que celle du candidat de l'opposition soit au contraire acclamée ; il est possible que M. le maire
soit alors facilement disposé à trouver la réunion
tumultueuse et éprouve le besoin « de mettre fin à
« la réunion et d'en fermer les portes. »

La loi du 6 juin permet tout cela.

Agir ainsi, ce serait sans doute faire preuve de peu
de dignité et manquer gravement à certaines conve-
nances. L'inconvenance du fait ne le rend malheureusement ni impossible ni invraisemblable. Nous

pourrions citer l'exemple de maires candidats qui n'ont pas hésité, dans leur propre circonscription, à présider un bureau électoral, non-seulement pendant le vote, mais encore pendant le dépouillement du scrutin.

Nous nous demandons où sont, pour les candidats indépendants, les garanties contre la partialité de maires candidats, qui peuvent être ainsi juges et parties à la fois.

Ces questions, on le conçoit, n'ont pas fait l'objet des préoccupations de la chambre de 1869.

Dans la *partie historique* de ce travail, nous avons donné le texte de l'art. 3 du titre II de la loi des 16-24 août 1790, et nous avons raconté les difficultés que l'application de cette loi aux réunions politiques avait soulevées en 1847 et en 1849. Nous engageons nos lecteurs à se reporter à cet *historique*. Nous nous bornons à leur rappeler qu'un arrêt de la cour de cassation du 20 avril 1849, alors que la réaction relevait audacieusement la tête, a décidé que les expressions « et au-« tres lieux publics » de la loi précitée, sont générales et absolues, et désignent tous les lieux où se tiennent publiquement des assemblées politiques quelconques.

III

DES RÉUNIONS PUBLIQUES ÉLECTORALES.

§ 1er. — *Historique.*

Les réunions publiques électorales sont une conséquence forcée du droit de suffrage.

Il n'y a pas d'élection sincère et sérieuse sans l'entente préalable des citoyens.

Comment les citoyens pourraient-ils s'éclairer et s'entendre, s'il ne leur était pas permis de se réunir librement pour discuter librement ! Le suffrage universel ne sera donc qu'une loterie, qu'un pur jeu du hasard, tant que l'isolement des citoyens sera systématiquement maintenu.

Il n'est pas besoin de dire que, pendant toute la période révolutionnaire, les réunions publiques électorales furent complétement et absolument libres. A cette époque de liberté, d'égalité et de respect des droits de la nation, on n'aurait pu imaginer que les citoyens fussent appelés à mettre leur vote dans l'urne, avant de s'être entendus au préalable sur le choix de leurs mandataires. On avait trop la haine des fictions et l'amour de la vérité, pour laisser le suffrage devenir un instrument aveugle entre les mains des habiles, des forts ou des riches.

Le législateur de 1810, qui aimait le silence et

l'obéissance, et qui n'éprouvait guère de respect que pour la force, n'osa pas toucher cependant, lors de la rédaction du code pénal, au droit de réunion électorale. L'article 291, qui défend sous des peines sévères les associations de p'us de vingt personnes, laissa les réunions électorales complétement en dehors de ses prohibitions Mais ces réunions n'étaient pas plus permises que défendues. Aucun texte de loi n'avait donné au droit l'autorité d'une consécration formelle. On reconnaît bien là les pratiques habituelles du despotisme, qui se complaît toujours dans le vague et dans l'équivoque. Les réunions publiques électorales furent plutôt tolérées que franchement reconnues. L'usage s'établit de ne les permettre qu'à partir de l'ordonnance de convocation des colléges électoraux. Il n'est pas douteux que leur interdiction, même pendant cette période, ne se fût pas fait attendre, si elles avaient eu le malheur de faire ombrage à un maître tout-puissant. Mais le citoyen alors disparaissait devant le soldat, et nul n'osait songer à un réveil de la raison et de la conscience. Il ne fallut rien moins qu'une double invasion pour ouvrir enfin les yeux de nos pères !

Sous la restauration, sous ce gouvernement tiraillé en sens divers, où les uns se retournaient encore vers le passé, pendant que les autres contemplaient déjà l'avenir, la législation et la jurisprudence concernant les réunions publiques électorales demeurèrent stationnaires. Les rétrogrades, comme toujours, finirent pour amener une explosion.

Sous la royauté de juillet, l'art. 291 du code pénal, dont s'était contenté l'homme de brumaire, parut au libéralisme des doctrinaires complétement insuffisant pour protéger le trône contre l'enthousiasme fort modéré de la nation. On eut alors recours à la loi du 10 avril 1834. Cette loi, qui avait pour but de couvrir d'une manière tout à fait spéciale un gouvernement devenu impopulaire pour avoir menti à son origine, ne songea point pourtant à porter atteinte aux réunions publiques électorales. Il avait même été un instant question d'insérer dans la nouvelle loi un texte, qui aurait formellement excepté de ses dispositions les assemblées d'électeurs.

Voici, en effet, comment lors de la discussion s'exprimait M. Martin (du Nord), rapporteur de la loi :

« Nous vous proposons de déclarer hautement,
« dans la loi, qu'elle ne peut avoir pour consé-
« quence de priver les citoyens, dans le moment
« où le pays est appelé à exercer l'une de ses plus
« importantes prérogatives, du droit de se réunir,
« de balancer les titres des candidats, d'apprécier
« leur conduite politique et de désigner à la con-
« fiance publique les hommes qui leur en parais-
« sent le plus dignes : ces réunions, provoquées

« par les besoins du moment, par des circonstan-
« ces qui ne se manifestent que de loin en loin, ne
« sauraient avoir un caractère dangereux ; mais
« l'époque à laquelle elles pourront être vraiment
« utiles, doit être déterminée, et ce ne peut être que
« celle où la convocation du collége électoral aura
« appelé les citoyens à s'occuper des grands inté-
« rêts qu'elle soulève ; il faut aussi reconnaître que,
« si ces réunions s'affiliaient à d'autres réunions
« du même genre, dans d'autres départements, el-
« les dégénéreraient en associations dont l'existence
« légale serait alors subordonnée à la condition de
« l'autorisation. »

La disposition proposée ne fut pas insérée dans la loi. Les naïfs la repoussèrent, parce qu'elle leur parut inutile. Ils ne songèrent pas, malgré les nombreux exemples du passé, qu'on ne saurait jamais prendre trop de précautions au profit de la liberté à l'égard des gouvernements monarchiques. Les ministériels, plus habiles, la repoussèrent, afin de laisser au pouvoir une certaine latitude d'appréciation et d'action, qui lui permît de dissoudre les réunions électorales importunes, en les qualifiant et en les faisant qualifier par la magistrature d'associations politiques.

Toutefois, nous devons reconnaître que dans la pratique le droit des électeurs de s'assembler après leur convocation ne fut pas contesté, du moins tant que Louis-Philippe resta sur le trône.

La nation ayant ressaisi sa souveraineté en février 1848, personne ne songea à porter la moindre atteinte au droit de réunion en matière électorale. L'article 19 de la loi du 28 juillet *sur les clubs*, disposa même expressément que cette loi ne serait pas applicable « aux réunions électorales préparatoires ». A cette époque de liberté et de civisme, les réunions électorales ne constituaient pas seulement un droit, elles étaient considérées par tous comme un devoir. On comprenait qu'un peuple souverain et maître de ses destinées, est responsable du choix et par conséquent des fautes de ses mandataires.

Mais au moment où la réaction, un instant vaincue, commença à relever la tête, le ministre de l'intérieur, dans une circulaire à ses subordonnés, souleva la prétention de soumettre les réunions électorales, comme toutes les autres réunions publiques, à la surveillance de la police.

Dans notre *historique du droit de réunion*, nous avons fait connaître précédemment les termes de cette circulaire. Nous avons rappelé la mémorable discussion à laquelle elle a donné lieu à l'assemblée nationale, dans la séance du 11 avril 1849, entre MM. Ledru-Rollin et Odilon Barrot, et nous avons cité l'arrêt de la cour de cassation du 20 avril suivant d'après lequel « les commissaires de police « ont le droit d'assister aux réunions électorales, « non-seulement comme simples citoyens élec-

« teurs, mais encore en leur qualité, et revêtus des
« insignes de leurs fonctions. »

La loi du 19 juin 1849, qui autorisait le gouvernement à interdire les clubs et les autres réunions
publiques qui seraient de nature à compromettre
la sécurité des citoyens, ne songea même pas, malgré l'esprit réactionnaire qui animait déjà les députés envoyés à la chambre par les campagnes, à toucher aux réunions publiques électorales. M. Dufaure, ainsi que nous l'avons vu précédemment, crut
même devoir, dans sa circulaire du 24 juin, recom-
mander aux préfets d'encourager les réunions électorales préparatoires, tout en leur prescrivant de
veiller à ce que ces assemblées ne s'écartassent
pas de leur but spécial, pour dégénérer en réunions
dangereuses.

Il était réservé au gouvernement issu du coup
d'Etat de décembre d'oser contester aux citoyens
le droit de se réunir, pour s'entendre sur le choix de
leurs mandataires. Sous le régime qui devait inaugurer le système des candidatures officielles à outrance, le droit de réunion électorale était devenu
un véritable non-sens. A quoi bon, en effet, se réunir pour discuter le choix de candidats, que le gouvernement prenait la peine de désigner lui-même, et
qu'il faisait nommer, ainsi que chacun sait, avec
l'appui énergique, persévérant et sans frein des
gardes champêtres, des gendarmes, des maires,
des juges de paix, des préfets, en un mot, de tous

les fonctionnaires appartenant à la plus savante hiérarchie administrative, que le despotisme le plus raffiné puisse rêver ?

L'acte du 2 décembre fut suivi du décret du 25 mars 1852, abrogeant les lois des 28 juillet 1848 et 12 juin 1850, sur les clubs. Toutefois, ce décret maintint l'art. 13 de la loi de 1848 qui interdit les sociétés secrètes et disposa « que les art. « 291, 292 et 294 du code pénal, et les art. 1, 2 et « 3 de la loi du 10 avril 1834 seraient applicables « aux réunions publiques, *de quelque nature* « *qu'elles fussent.* »

Cette nouvelle législation ne prohibait pas d'une manière formelle, pas plus qu'elle ne reconnaissait expressément, les réunions électorales. Cette équivoque calculée n'était qu'un moyen indirect et honteux de laisser ses coudées franches au pouvoir discrétionnaire. L'incertitude sur l'étendue du droit paralysait l'action des citoyens. La terreur qui s'était emparée des esprits était telle, que chaque électeur se condamna à l'isolement, tremblant même d'éveiller par l'abstention les redoutables susceptibilités d'une administration, qui avait peur de son ombre, et qui se consolait de ses craintes par une répression impitoyable.

Cependant, petit à petit, dans quelques grands centres, des réunions électorales s'organisèrent. Ces réunions, tolérées en apparence, étaient secrètement combattues par des manœuvres inavouées, qui avaient pour résultat d'intimider la plupart des organisateurs. — Telle fut l'histoire des élections générales de 1863, à Paris.

Le réveil de l'esprit public s'étant de plus en plus accentué depuis 1863, le gouvernement sembla se décider à entrer enfin dans la voie d'une liberté relative. Annoncée par le chef de l'Etat dans son discours d'ouverture de la session de 1866, puis rappelée dans sa lettre du 19 janvier 1867, la loi sur les réunions publiques fut présentée au corps législatif le 13 mars 1867, et fut enfin promulguée le 6 juin 1868, après plus de deux années d'attente.

Dans son discours d'ouverture de la session législative de 1868, le chef de l'Etat avait dit : « Notre tâche en ce moment est de former les « mœurs publiques à la pratique d'institutions plus « libérales. » Quelques jours auparavant, il avait écrit à M. Rouher, ministre d'Etat : « J'ai dit l'année « dernière que mon gouvernement voulait marcher « sur un sol affermi, capable de supporter le pou- « voir et la liberté. Par les mesures que je viens « d'indiquer, mes paroles se réalisent ; je n'ébran- « le pas le sol que quinze années de calme et de « prospérité ont consolidé, je l'affermis davantage « encore en assurant par la loi aux citoyens des « garanties nouvelles. »

Nous avons vu avec quelle mauvaise grâce la chambre, composée en majorité de députés sortis des candidatures officielles, a paru accueillir le projet de loi sur les réunions publiques, qu'elle considérait comme trop libéral, et par suite comme trop dangereux. La peur de cette loi troubla tellement la cervelle des sept sages de l'Arcadie, que pour la première fois ils se laissèrent aller à ne pas approuver systématiquement. Leurs criailleries furent si fortes qu'on aurait pu croire le Capitole en danger. Il y eut 34 abstentions et 22 voix opposantes, lors du vote définitif. Chose curieuse, le droit consacré par la nouvelle loi fut repoussé par les uns comme étant dérisoire, et par les autres comme étant excessif !

Ce fut bien autre chose au sénat.

Un instant on a pu craindre qu'il s'opposerait à la promulgation de la loi, et qu'il la renverrait à une nouvelle délibération du Corps législatif.

M. de Maupas, le premier rapporteur, était hautement hostile à la loi. M. Hubert-Delisle, le deuxième rapporteur, dut s'attacher à rassurer ses collègues épouvantés. Il leur montra le droit de réunion comme une digue légale, apportée à la puissance de la presse et à l'influence des sociétés secrètes. Il insista principalement sur la certitude et sur l'énergie de la répression.

M. de Maupas persista à s'effrayer, non pas d'un trouble matériel impossible, mais d'un trouble moral inévitable. Selon lui, le droit de réunion électorale devait amener « un déplacement radical dans « les conditions du pouvoir », et compromettre l'empire lui-même, en laissant le suffrage universel, c'est-à-dire « la souveraineté constituante et diri-« geante », en proie à des hommes de talent sans conscience, qui remplaceraient des hommes auxquels le talent manque plus souvent que l'honorabilité.

M. Béhic vit dans la loi une renonciation « au sys-tème personnel », renonciation qu'il déclara néces-saire, afin d'éviter l'explosion, que ne tarderaient pas à provoquer l'état des esprits et la marche des idées.

M. Le Roy de St-Arnaud répondit que le droit de réunions électorales « c'est le point vulnérable, le « côté ouvert, par lequel la révolution se flatte, à « son jour et à son heure, de rentrer dans la « place ». Il fit un tableau très-sombre des consé-quences possibles de la liberté électorale.

Vous ne trouverez de remède que dans un coup d'Etat. « Mais prenez-y bien garde, disait-il, les des-« tinées des coups d'Etat ne sont pas toujours les « mêmes ; et pour qu'ils réussissent, il leur faut la « préface d'une révolution ! » **M.** Pinard, ministre de l'intérieur, prétendit que la loi correspondait aux aspirations des masses ouvrières, et qu'elle consti-tuait un progrès aussi nécessaire que peu dange-reux.

Il nous reste maintenant à déterminer les condi-tions auxquelles les réunions publiques électorales sont possibles, et à rechercher si véritablement nous jouissons de la liberté électorale.

§ 2. — *Conditions de ces réunions.*

La loi du 6 juin 1868 ne s'est pas proposé de modifier la législation existante, en ce qui concerne les associations pouvant se former en vue des élections générales ou partielles des députés. Les règles qui régissent ces associations ont été précisées par la jurisprudence de la cour de cassation, notamment dans le fameux *procès des treize*, un des plus curieux procès qu'ait engendrés le régime impérial. Ainsi, les comités électoraux « présentant les ca- « ractères d'affiliation, de permanence et d'organi- « sation, » qui, d'après la Cour suprême, consti- tuent des associations illicites, devront être soumis à la formalité de l'autorisation préalable.

La nouvelle loi a seulement en vue « les réu- « nions préparatoires, isolées et temporaires, que « les électeurs ou les candidats peuvent provoquer « au moment des élections, les uns pour éclairer « leur choix, les autres pour exposer leurs titres à « la confiance du pays. »

Les réunions publiques *ordinaires* ne peuvent avoir pour objet des matières politiques ou reli- gieuses, mais elles sont permises en tout temps et ouvertes à tous. Quant aux réunions publiques *électorales*, elles ne peuvent être tenues qu'à partir de la promulgation du décret de convocation d'un

collége pour l'élection d'un député au Corps législatif, jusqu'au cinquième jour avant celui fixé pour
l'ouverture du scrutin. Ne peuvent assister à ces
réunions que les électeurs de la circonscription
électorale, et les candidats qui ont rempli les formalités prescrites par l'art. 1er du sénatus consulte du
17 février 1858, c'est à-dire qui ont déposé à la
préfecture du département le serment constitutionnel.

Voici en quels termes l'*Exposé des motifs* a ex-
pliqué l'économie de la nouvel'e loi, en ce qui concerne les RÉUNIONS PUBLIQUES ÉLECTORALES :

« Le gouvernement sait que, sous l'empire du
« suffrage universel et au milieu des masses pro-
« fondes qu'il met en mouvement, cette concession
« a une bien autre portée qu'à l'époque où le scru-
« tin n'appelait que les électeurs censitaires. Il ne
« la croit pas moins opportune, juste et néces-
« saire... Le droit de réunion lui même s'exerce
« presque sans empêchement et sans obstacle de la
« part de l'administration, qui s'est fait un devoir
« de n'user, que dans l'intérêt de la paix publique,
« du pouvoir discrétionnaire qui lui était donné par
« le décret du 25 mars 1852..... L'expérience du
« passé offre donc des garanties pour l'avenir, et
« le gouvernement a la ferme conviction qu'en as-
« surant plus d'indépendance au droit de réunion
« en matière électorale, il fera taire les suscepti-
« bilités qu'éveille le régime actuel, sans compro-

« mettre ni l'ordre, ni le pouvoir..... Le gouverne-
« ment ne se dissimule pas que les réunions élec-
« torales, en devenant plus fréquentes, pourront
« occasionner une certaine agitation, et cette pré-
« occupation n'est pas étrangère à la résolution
« qu'il a prise de ne pas les permettre pour les élec-
« tions des conseils généraux et des conseils mu-
« nicipaux. Le besoin que peuvent avoir les élec-
« teurs de se concerter et de s'entendre, quand ils
« ont à nommer un député, n'existe plus quand ils
« ont à choisir, entre des candidats connus de
« tous, les représentants du département ou de la
« commune. Les élections départementales ou mu-
« nicipales se renouvellent d'ailleurs fréquemment.
« Elles éveillent des compétitions nombreuses, et
« si des réunions, qui ne reviennent qu'à de longs
« intervalles, ne paraissent pas de nature à me-
« nacer la paix publique, des assemblées répétées,
« qui se perpétueraient presque sans interruption,
« créeraient bientôt dans le pays des divisions re-
« grettables et de dangereuses excitations..... Le
« gouvernement ne veut être ni imprudent ni té-
« méraire en s'exposant à troubler, par des con-
« cessions inopportunes, la sécurité des bons ci-
« toyens..... Il vous propose de décider que les
« électeurs et les candidats de la même circons-
« cription pourront seuls se réunir, et de ne per-
« mettre les assemblées que jusqu'au cinquième
« jour qui précède l'ouverture du scrutin. La pre-

« mière de ces dispostions a pour but d'écarter,
« autant que possible, des réunions électorales,
« les éléments étrangers qui ne viendraient s'y mê-
« ler que pour surprendre ou égarer les suffrages.

« Il importe, pour la liberté des élections, que
« les candidats et les électeurs puissent se rappro-
« cher, s'entendre et s'éclairer mutuellement.......
« C'est aussi dans l'intérêt de la liberté des votes
« et de la liberté des élections que le gouverne-
« ment vous demande de ne pas autoriser les réu-
« nions électorales dans les cinq derniers jours
« qui précèdent l'ouverture du scrutin..... L'exer-
« cice du droit de suffrage est l'acte le plus impor-
« tant de la vie politique du citoyen ; il doit s'ac-
« complir librement et consciencieusement, sans
« être influencé par les résolutions précipitées ou
« par les impressions plus ou moins éphémères
« d'une nombreuse assemblée. »

La longue citation qui précède est des plus cu-
rieuses. A travers la phraséologie officielle, qui
veut revêtir une teinte libérale, se trahissent involontairement les préoccupations du pouvoir personnel. On ne se dissimule pas « les susceptibilités
« qu'éveille le régime actuel », on serait très heu-
reux de pouvoir les faire « taire », mais on craint
de « compromettre l'ordre et le pouvoir ». Le gouvernement, qui n'a voulu être « ni imprudent ni té-
« méraire, en s'exposant à troubler par des conces-
« sions inopportunes la sécurité des bons ci-

« toyens », a été saisi d'une telle timidité, qu'il n'a pas osé s'engager dans la voie libérale, ouverte devant lui par l'opinion publique.

Ainsi, les réunions publiques, reconnues utiles pour les élections au corps législatif, sont jugées inutiles et même dangereuses pour les élections des conseils généraux et des conseils municipaux. On a pensé que les citoyens n'auraient pas toujours besoin de se concerter, et de s'éclairer sur le choix de leurs mandataires. Nous croyons plutôt qu'on a craint de voir la vie politique renaître peu à peu dans notre pays. On s'est moins préoccupé des « divisions regrettables » que des « dangereuses « excitations. »

C'est par les mêmes raisons que les réunions publiques électorales ne sont légalement accessibles qu'aux électeurs de la circonscription, ainsi qu'aux candidats réguliers, et qu'elles ne peuvent avoir lieu dans les cinq jours qui précèdent l'ouverture du scrutin. Sans nul doute, on a eu souci « de la liberté des votes et de la loyauté des élec- « tions », mais peut être aussi a t-on voulu réserver aux préfets avisés les moyens de combattre sans danger, mais avec profit, les passions, toujours subversives, des candidats de l'opposition.

Quoi qu'il en soit, les dispositions étroites et jalouses de l'art. 8 trahissent évidemment de la part du pouvoir un certain sentiment de défiance vis-à-vis de la liberté, et contiennent une sorte d'aveu d'impuissance. Le gouvernement compte moins sur ses amis qu'il ne se défie de ses adversaires. Ses craintes ne sont pas contrebalancées par ses espérances. Voilà pourquoi nous ne trouvons pas dans la loi l'équilibre que nous y cherchons. Il est étrange que l'administration paraisse redouter, en cas de liberté égale, l'influence trop grande que l'opposition pourrait exercer par le talent et par la considération de ses membres !

Le gouvernement, qui fait exécuter les lois par un personnel nommé par lui, et dont l'avancement dépend de son bon vouloir, désirerait-il, par l'invention de la « retraite électorale », enchaîner la langue de ses contradicteurs, tout en fermant les yeux sur le zèle d'agents, qui n'ont d'autre ambition que de le servir? Nous nous refusons à le croire. Ce serait en effet une double faute. D'abord, parce qu'un gouvernement s'affaiblit toujours en commettant des injustices ; et ensuite, parce que dans un pays de suffrage universel, il est aussi nécessaire de suivre l'opinion publique, qu'il est dangereux de fermer l'oreille à ses revendications.

Chacun de nous n'a qu'à consulter ses propres souvenirs pour savoir auquel de ces deux systèmes le gouvernement, pendant les dernières élections, a cru devoir donner la préférence.

Lors de la discussion de la loi, M. Buffet a demandé si, avant la période électorale et pendant la retraite des cinq jours, les préfets auraient le droit d'autoriser discrétionnairement des réunions, au profit de tel ou tel candidat, plus ou moins agréé ou agréable.

« Nous répondons négativement, dit M. Pinard,
« ministre de l'intérieur, parce que nous estimons
« que la loi ne nous le permet pas, et ne laisse
« aucune faculté au gouvernement à cet égard. La
« loi permet les réunions politiques, c'est-à-dire les
« réunions électorales, à partir de la convocation
« du collége, mais elle ne les permet que pendant
« quinze jours, et, durant les cinq jours qui précè-
« dent l'élection, elles sont interdites, dans un inté-
« rêt d'apaisement et de sécurité. Nous n'avons
« pas le droit, pendant cette période, d'autoriser
« une réunion, pas plus pour les candidats d'une
« couleur que pour ceux d'une autre.

« Le droit n'existe pour aucun candidat, à partir
« des cinq derniers jours qui précèdent l'élection.
« L'interdiction est pour tous ; le ministre de l'in-
« térieur, le pouvoir administratif n'a le droit de
« prolonger au profit de personne le droit accordé
« pour quinze jours seulement. Il ne saurait le res-
« susciter sous la forme de l'autorisation. Le droit
« de réunion électorale est un droit accordé aux
« citoyens, et qui désormais ne dépendra plus de l'au-
« torisation. Mais à partir du jour où le droit cesse,
« dès que la période des cinq jours commence, il
« n'y a plus de pouvoir administratif qui puisse
« l'accorder à tel candidat ou à tel autre. »

Voilà qui est clair et précis.

On a même demandé si le préfet n'aurait pas la liberté de provoquer lui-même une réunion, assemblée sous son inspiration et dans l'intérêt de l'administration, afin, par exemple, d'attaquer un candidat ou de répondre à ses attaques. « Le gouverne-« ment, répondit M. Pinard, ne pourra pas plus « provoquer de réunions électorales, de réunions « publiques, que le candidat lui-même. »

Cette interprétation de la loi est à coup sûr libérale. Malheureusement la pratique répond peu à la théorie. Les préfets à poigne qui, pas plus que Guzman, ne connaissent d'obstacle, ne sont pas embarrassés pour si peu. Ils se garderont bien de tenir des réunions publiques par trop ostensibles, à cause de l'indiscrétion des journaux mal pensants, mais, sous couleur de réunions privées, toujours possibles, ils tiendront des réunions parfaitement publiques. Ils n'ont pas à craindre les procès-verbaux des commissaires de police, qui sont leurs subordonnés. Mais, en revanche, les commissaires de police réserveront tout leur zèle — les tribunaux savent s'ils en manquent — pour la malheureuse petite *réunion* réellement *privée* des candidats indépendants. Voilà comment les meilleures lois peuvent n'être pas exécutées, lorsque l'organisation administrative est défectueuse, c'est-à-dire lorsqu'elle existe par et pour le pouvoir, au lieu de n'exister que par et pour les citoyens !

Le seul remède contre les abus électoraux des préfets consiste dans un recours à la chambre, lors de la vérification des pouvoirs. Il ne faut pas croire que la vérification des pouvoirs soit toujours une opération insignifiante, puisque, à un moment donné, la crainte de cette vérification a pu amener dans une certaine mesure une prorogation de la chambre.

Nous avons vu que les réunions publiques électorales ne sont pas accessibles à tout le monde, bien qu'elles intéressent chaque citoyen, quelle que soit sa circonscription. Les électeurs doivent, pour être admis dans les réunions électorales, faire connaître leurs nom, qualité et domicile (art. 8, § 3). Comment et à qui cette justification doit-elle être faite ? La loi est muette sur ce point. Les organisateurs de la réunion et les membres du bureau ne sont assurément pas chargés de cet office, puisqu'ils n'encourraient aucune pénalité en négligeant de l'accomplir. Ce soin revient de droit aux agents de la police, à condition qu'ils resteront en dehors de l'assemblée.

Ces agents se borneront à recevoir les déclarations, sans pouvoir exiger aucune justification des nom, qualité et domicile de l'électeur. La loi, en effet, n'impose pas la preuve aux citoyens, elle se borne à rendre la déclaration nécessaire. Les agents n'auront pas évidemment à exiger cette déclaration de tous les citoyens qui se présenteront — ce qui prendrait une grande partie du temps de la réunion,

— mais seulement de ces électeurs étrangers à la circonscription, et toujours connus de la police, qui viennent attaquer ou défendre certaines candidatures.

Cette disposition de la loi a été si habilement éludée dans la pratique, qu'elle peut être considérée comme une lettre morte. Les électeurs étrangers à une circonscription, dans laquelle ils se proposaient d'exercer une certaine action au point de vue électoral, ont pris le parti de devenir candidats, en remplissant les formalités prescrites par l'art. 1er du sénatus-consulte du 17 février 1858. C'est ainsi qu'à Paris, lors des élections de mai 1869, les candidatures se comptaient par centaines, et que certains orateurs se faisaient entendre dans les réunions publiques des neuf circonscriptions de la Seine.

Telles sont les limites étroites dans lesquelles le peuple souverain peut exercer son droit de se réunir publiquement pour éclairer ses choix. Non-seulement les réunions publiques électorales sont soumises à la nécessité de la *déclaration préalable*, d'un *local clos et couvert*, d'une *heure déterminée*, de l'organisation d'un *bureau*, de la présence d'un *fonctionnaire délégué*, mais encore, ainsi que nous le verrons sous l'art. 13, malgré ces précautions excessives, elles peuvent être *ajournées* par un préfet peureux ou zélé. Toutes ces précautions témoignent, vis-à-vis du suffrage universel, dont on veut, dit-on, éviter les entraînements et les égarements possibles, d'un sentiment de défiance qui ne se comprend guère, de la part d'un gouvernement qui n'a d'autre légitimité que celle de ce même suffrage universel.

Il a été toutefois entendu, lors de la discussion au Corps législatif, qu'un candidat, après le dépôt de la formule du serment, « peut assister à toutes « les réunions qui auront lieu dans les diverses « circonscriptions du département, » mais sans pouvoir entraîner avec lui tous les électeurs des autres circonscriptions, et sans pouvoir les faire participer au droit qu'il possède lui même.

Il va de soi que dans les réunions publiques électorales, on peut traiter tous les sujets politiques ou religieux. Rien ne peut être étranger à la souveraineté que le peuple est appelé à exercer tous les six ans dans ses comices. Les questions des armées permanentes, des impôts, du pouvoir personnel, etc. peuvent être abordées en toute liberté. Il y a plus, la constitution elle même, cette arche sainte du régime actuel, peut être livrée à la discussion. « Il n'y a pour nous aucun doute, dit M. « Henri Ameline, auditeur au conseil d'Etat. Le sé- « natus-consulte du 18 juillet 1866 déclare, que la « constitution ne peut être discutée par aucun pou- « voir public autre que le sénat procédant sui- « vant des formes déterminées. Il prononce la « même interdiction à l'égard de la presse ou des « écrits périodiques de certaines dimensions. Mais

« il ne va pas au delà. Il ne défend pas, par
« exemple, la critique de la constitution dans les
« livres. A plus forte raison doit-il en être de même
« pour les assemblées électorales, qui sont en quel-
« ques sorte le pouvoir constituant de ce pacte
« politique, et ont seules une compétence directe
« pour le modifier. »

Malgré ces raisons irréfutables, quelques commissaires de police parisiens ont soulevé la prétention de retirer la parole aux orateurs qui essayaient
de porter une main hardie sur le pacte fondamen-
tal. Des avertissements ont même été donnés au
bureau. Pour notre part, nous avons toujours protesté contre ces avertissements, qui nous paraissaient contraires à la loi, et nous n'avons cessé de
les proclamer illégaux. L'art. 75 de la constitution
de l'an VIII nous a seul empêché d'exercer des
poursuites pour abus de pouvoir. Pour le moment,
il ne reste aux électeurs lésés dans leurs droits
d'autres ressources qu'un appel à l'opinion publique par la voie des journaux, et qu'une protestation auprès de la Chambre lors de la vérification
des pouvoirs !

Il résulte de ce qui précède, que le fonctionnaire
qui assiste à la réunion n'a le droit, lorsqu'il s'agit
de réunions publiques électorales, d'en prononcer
la dissolution (art. 6), que si la réunion devient
tumultueuse, c'est-à-dire si elle menace de porter

atteinte à l'ordre et à la sécurité publique, ainsi que nous l'avons vu précédemment.

Quant aux réunions *privées* et aux réunions publiques *non politiques*, elles peuvent toujours avoir lieu, même pendant la période dite retraite électorale, pourvu qu'elles conservent les caractères qui leur sont propres. M. le préfet de po'ice a cru devoir ajourner, pendant les cinq jours qui ont précédé les dernières élections, toutes les réunions publiques *non politiques;* mais en agissant ainsi, en dehors de l'esprit et de la lettre de la loi, il a commis une violation flagrante du droit, acte répréhensib'e, au sujet duquel une interpellation aurait dû être adressée au gouvernement, d'après la théorie que nous avons remarquée dans l'*Exposé des motifs* de la loi.

Nous ne nous sommes étendu si longuement sur les réunions publiques é'ectorales, que parce qu'elles ont joué un rôle important aux mois de mai et de juin 1869. C'est à elles que nous devons de voir la démocratie représentée plus largement que jamais à la Chambre.

Les réunions publiques électorales ont mis à nu cette plaie des candidatures officielles qui était devenue la honte du suffrage universel. Les campagnes ne tarderont pas à suivre les villes dans leur marche ascendante vers la démocratie et la liberté, le jour où l'on pourra s'adresser librement aux électeurs ruraux, par la presse et par les réunions publiques. Les hommes du passé, qui ne vivent que par les ténèbres, ont instinctivement peur de la lumière. Quant à nous, citoyens de l'avenir, nous n'avons pour triompher qu'à travailler de toutes nos forces à éclairer les intelligences !

IV

PÉNALITÉS

I

RESPONSABILITÉ DES DÉCLARANTS, DES PROPRIÉTAIRES DU LOCAL, DES MEMBRES DU BUREAU OU DES ORGANISATEURS, ET DES ÉLECTEURS ÉTRANGERS A LA CIRCONSCRIPTION.

§ 1er. — *Observations générales.*

D'après l'art. 9, toute infraction aux prescriptions des art. 2, 3 et 4 et des paragraphes 1, 2 et 4 de l'art. 8 constitue une *contravention*, punie d'une amende de cent francs à trois mille francs, et d'un emprisonnement de six jours à six mois.

Dans l'*Exposé des motifs*, l'amende prononcée par l'art. 9 était de 300 fr. à 10,000 fr. Ces sévérités draconiennes démontraient jusqu'à la dernière évidence le peu d'enthousiasme que le conseil d'Etat éprouvait pour le droit civique de réunion. La commission du Corps législatif, bien qu'elle appartînt à une majorité, dont l'élection était due au déplorable système des candidatures officielles, trouva elle-même ces pénalités excessives, et réduisit l'amende de 200 à 5,000 fr. Chose curieuse! Après discussion, le Corps législatif réduisit encore l'amende de 100 à 3,000 fr.

Ce simple fait suffit à montrer comment, dans les sphères du pouvoir, on entendait exécuter les promesses du 19 janvier. Une chambre, qu'on a pu qualifier d'*introuvable*, se voyait elle-même forcée de réduire de plus des deux tiers les peines pécuniaires proposées!

Ce n'est pas tout.

Le projet de loi donnait, en outre, aux juges le droit de prononcer contre les condamnés, dans tous les cas prévus par l'article 9, la *privation des droits électoraux* pendant un an au moins et cinq au plus! Cette étrange disposition, qui trahissait des préoccupations inavouables, disparut bien vite de la loi devant le soulèvement général de l'opinion publique. On ne pouvait comprendre que de pareils piéges fussent tendus sous les pas des candidats à la députation. C'était une véritable atteinte à la sincérité et à la dignité du suffrage universel. Eh bien! il s'était rencontré dans le sein du conseil d'Etat une majorité, pour donner son approbation à une semblable disposition!

Du reste, l'article 9 avait été rédigé par le conseil d'Etat avec tant de légèreté et de négligence, qu'après la lecture de la loi il était impossible de connaître au juste quel était le rôle des signataires de la déclaration, et celui des propriétaires du local. Le texte ne limitait pas l'étendue de leur responsabilité. On pouvait croire qu'ils étaient reponsables « de la prolongation de la réunion au delà de « l'heure fixée par l'autorité pour la fermeture des « lieux publics, c'est-à-dire d'un fait postérieur, en « dehors de la déclaration ou du bail du local et « auquel les déclarants et le locateur pouvaient « être demeurés complétement étrangers. » On fut obligé de renvoyer l'article à la commission pour une rédaction nouvelle et p'us claire. La nouvelle rédaction limita la responsabilité des déclarants et des locateurs aux faits qui leur sont strictement personnels.

Lors de la discussion de la loi, l'honorable M. Bethmont, en recherchant quelle était la nature et quel était le nombre des *contraventions* visées par le paragraphe 1er de l'article 9, n'en trouva pas moins de dix huit !

Voici les dix-huit cironstances qui peuvent donner lieu, si elles ne sont pas étroitement et scrupuleusement appréciées et observées, aux dix-huit contraventions implicitement visées dans le paragraphe 1er de l'article 9 :

1º La déclaration signée par sept personnes ;

2º Le fait que les sept personnes jouissent ou ne jouissent pas de leurs droits civils ;

3º Les noms, qualités, domicile des sept déclarants ;

4º Le local où se tiendra la réunion ;

5º Le jour où se fera la réunion ;

6º L'heure de la réunion ;

7º La remise à l'autorité compétente de la demande de réunion ;

8º La déclaration de l'objet spécial et déterminé
de la réunion ;

9º Le délai de trois jours francs après la remise
de l'autorisation de la réunion ;

10º Le local clos ;

11º Le local couvert ;

12º La durée de la réunion, qui ne peut se prolonger au delà d'une certaine heure ;

13º La composition du bureau : un président et
deux assesseurs ;

14º Les discussions étrangères à l'objet spécial
et déterminé de la réunion ;

15º Les réunions électorales avant la convocation ;

16º Les réunions électorales dans les cinq jours
qui précèdent l'élection ;

17º Le fait de n'être pas électeur dans la circonscription où se tient la réunion ;

18º Le fait de faire la réunion publique avant le
jour franc qui suit le récépissé.

On est effrayé, lorsqu'on parcourt cette longue
liste, des contraventions qu'un citoyen peut com-

mettre, pour exercer le droit si simple, si naturel et si nécessaire de réunion avec ses semblables. Tous ces écueils, si nombreux, qui nous séparent de la liberté, constituent moins une sage réglementation que de véritables entraves. On se trouve en présence, non d'une proclamation, mais d'une négation du droit.

Ce qu'il y a de plus terrible encore, c'est que ces infractions à l'article 9, malgré la sévérité des peines prononcées, ne constituent pas des *délits* mais bien des *contraventions*.

Il est nécessaire de se pénétrer de l'importance et des conséquences de cette distinction.

D'après l'art. 1er du code pénal, la *contravention* est « l'infraction que les lois punissent des peines « de police », tandis que le *délit* est « l'infraction « que les lois punissent de peines correctionnelles. » D'après les articles 464, 465 et 466, les peines de police consistent : 1° dans l'emprisonnement de un jour à cinq jours ; 2° dans l'amende de un franc à quinze francs ; 3° dans la confiscation de certains objets saisis. D'après les art. 9 et 40 du même code, les peines en matière correctionnelle sont : 1° l'emprisonnement de six jours à cinq ans dans un lieu de correction ; 2° l'interdiction à temps de certains droits civiques, civils ou de famille ; 3° l'amende au-dessus de quinze francs.

De ce qui précède, il résulte que les dix huit infractions ci-dessus, punies par le § 1er de l'article 9 de la loi du 6 juin 1868 d'une amende de cent francs à trois mille francs, et d'un emprisonnement de six jours à six mois, constitueraient des *délits*, d'après le droit commun.

La loi spéciale qui nous occupe a voulu faire exception à la définition ordinaire des délits et des contraventions. L'art. 9 appelle formellement *contraventions* les infractions qu'il prévoit et qu'il punit. C'est à dessein que les législateurs se sont servis dans l'art. 9 du mot « contravention. » Cela résulte expressément des déclarations contenues dans le rapport supplémentaire de la commission sur cet article. Un arrêt de la cour suprême du 9 janvier 1869 a consacré cette interprétation.

Les conséquences de cette qualification exceptionnelle des infractions prévues par l'art. 9 sont multiples. Puisque nous nous trouvons en présence de contraventions, les règles spéciales à ce genre d'infraction doivent être appliquées.

En conséquence :

1° Le juge devra prononcer *autant de pénalités* qu'il y aura de *contraventions établies*, sans pouvoir prononcer une peine unique, comme lorsqu'il s'agit de délits. — Il est bien entendu que plusieurs contraventions ne pourront être relevées contre la même personne qu'autant qu'il s'agira de faits distincts.

2° Les *excuses* tirées de la *bonne foi* et de l'*erreur* ne devront pas être admises, tandis qu'en matière de délits l'*intention coupable* est toujours exigée. Il suffira de constater la matérialité du fait pour appliquer la peine, sauf, bien entendu, le cas de *force majeure*.

3° Les articles 59 et suivants du code pénal, qui définissent la *complicité*, ne seront pas applicables. Ainsi, tous ceux qui, par dons, promesses, menaces, abus d'autorité ou de pouvoir, machinations ou artifices coupables, auront provoqué à commettre les infractions punies par l'article 9 ou donné des instructions pour les commettre ; tous ceux qui auront, avec connaissance, aidé ou assisté l'auteur ou les auteurs des infractions dans les faits qui les auront préparées ou facilitées, ou dans ceux qui les auront consommées, ne seront pas punis comme complices.

4° L'*action publique* sera *prescrite* après une année, conformément à l'art. 640 du code d'instruction criminelle, et non après trois années, comme s'il s'agissait de délits.

Bien qu'en principe les contraventions soient de la compétence des tribunaux de simple police, les infractions, qu'on a qualifiées de délits-contraventions, doivent être jugées par les tribunaux correctionnels.

Toutes ces dispositions semblent combinées pour inspirer une véritable terreur aux citoyens qui les analysent. Nous verrons par la suite, qu'en transformant des délits en contraventions, on peut atteindre des personnes pour des faits auxquels elles sont

demeurées complétement étrangères, pour des faits
accomplis par d'autres, pour des faits qu'elles ont
ignorés, pour des faits qu'elles n'ont pu ni connaître
ni même prévoir. Lors de la discussion, M. Bethmont qualifiait cette solidarité d'*injuste* et de *mons-
trueuse*, disant qu'elle était indigne d'être inscrite
dans nos lois. « Eh bien ! s'écriait il, je répète que,
« même en faisant une loi sévère, il faut faire une
« loi juste, et c'est à quoi vous n'êtes pas arrivés ;
« aussi m'est il, une fois de plus, permis de dire
« que toutes ces pénalités et que toutes ces impas-
« ses sont comme des moyens comminatoires pour
« empêcher les réunions qui vous déplaisent ; mais,
« lorsque vous ajoutez une série de prescriptions
« qui viennent atteindre ceux qui n'ont pu rien faire
« pour les éviter, je dis qu'alors vous dépassez les
« bornes et qu'à la sévérité, aux moyens commina-
« toires, vous ajoutez l'injustice. »

L'honorable M. Ernest Picard n'a pas jugé avec
plus de complaisance l'étrange loi du 6 juin 1868 ;
cette loi avortée, présentée de mauvaise grâce, accueillie de même, et dont les concessions ne sont
ni réelles, ni apparentes.

« Ce ne sont pas là, disait-il, des lois faites dans
« l'intérêt public ; ce sont des lois de partis, des
« lois d'expédients, des lois de guerre…. (*Vives*
« *réclamations sur un grand nombre de bancs. —*
« *Approbation sur quelques autres à la gauche de*
« *l'orateur.*) à l'aide desquelles on veut changer

« les conditions de la lutte pacifique sans lesquel-
« les il n'y a ni suffrage universel régulier, ni gou-
« vernement régulier.... Et la Chambre, si elle
« voulait bien faire, devrait renvoyer la loi actuelle
« tout entière à la commission, pour qu'elle en re-
« vienne avec le caractère de simplicité, de justice,
« qui doit être à la fois la sauvegarde, la garantie
« et la vertu des lois! »

Voyons maintenant quelles sont les personnes
atteintes par les sévérités de la loi draconienne que
nous étudions.

§ 2. — *Déclaration irrégulière.*

La loi punit des peines portées dans le § 1er de
l'art. 9 les citoyens qui auront fait une déclaration
ne remplissant pas les conditions prescrites par
l'article 2, si cette déclaration a été suivie d'une
réunion.

Rappelons les conditions prescrites par l'art. 2 :

1° Déclaration signée par sept personnes ;

2° Par sept personnes jouissant de leurs droits
civils et politiques ;

3° Déclaration contenant les noms, qualités et
domicile des sept déclarants ;

4° Indication du local où se tiendra la réunion ;

5° Indication du jour où la réunion aura lieu ;

6° Heure de la réunion ;

7º Remise de la déclaration à l'autorité compétente ;

8º Déclaration de l'objet spécial et déterminé de la réunion ;

9º Intervalle de trois jours francs entre le jour de la réunion et la délivrance du récépissé.

Il suffit qu'une seule de ces conditions ne soit pas réalisée pour qu'il y ait contravention.

Les premiers signataires devront donc veiller à ce que le nombre des signatures atteigne sept, à ce que chaque déclarant jouisse de ses droits civils et politiques, et à ce que la déclaration contienne les noms, qualités et domicile de tous. Cela ne sera pas toujours facile. Il n'importe. La loi le veut ainsi. Les premiers signataires seront responsables de la confiance qu'ils auront mal placée. C'était à eux à prendre leurs précautions et à se réunir tous ensemble avant de signer. La faute d'un seul engagera la responsabilité de tous. On aura beau invoquer la bonne foi, dire qu'il s'agit d'un fait postérieur auquel on est demeuré complétement étranger, le juge demeurera sourd, car il s'agit d'une *contravention*. Il fallait suivre la déclaration ou mieux placer sa confiance.

Il est souvent difficile, surtout dans les grandes villes où l'on se connaît peu, de savoir si telle personne jouit ou non de ses droits civils et politiques. Il faudra néanmoins s'assurer du fait, soit par la représentation de la carte d'électeur, soit autrement, si l'on ne veut s'exposer à des poursuites. En cas de doute, la prudence conseille de faire signer la déclaration par plus de sept personnes.

Nous croyons cependant que si un déclarant privé de ses droits, en jouissait frauduleusement au vu et su de tout le monde, même de l'administration, il n'y aurait pas lieu à l'application de la peine, bien qu'il s'agisse d'une contravention, parce qu'on se trouverait dans un cas équivalent à la force majeure.

D'après le texte de la loi, une déclaration particulière n'engagera la responsabilité des signataires qu'autant que la réunion aura réellement lieu. Une disposition contraire eût été inutile et injuste. Les signataires, qui seront presque toujours les organisateurs de la réunion, pourront ainsi échapper aux dangers d'une déclaration irrégulière, en ne tenant pas la réunion.

Les signataires dont la déclaration aura été régulièrement faite, seront-ils passibles des peines portées par l'art. 9 si, en dehors de leur volonté, la réunion a lieu dans un local différent de celui qu'ils ont indiqué, à une heure différente, etc. ? Leur responsabilité est limitée aux actes qui leur sont personnels. Aucun doute n'est possible à ce sujet. « Les déclarants, dit le rapport supplémen- « taire de la commission, s'ils ont borné leurs agis- « sements à la déclaration même, ne sont respon- « sables que de cette déclaration. »

L'honorable M. Josseau a exprimé la même idée d'une manière beaucoup plus complète.

« Non, disait-il, les déclarants ne sont pas
« responsables dans ce cas. Ils ne le sont que de la
« régularité et de la sincérité de leur déclaration.
« Qu'exige d'eux la loi ? Qu'indépendamment des
« autres formalités prescrites par l'article 2, ils
« mettent dans leur déclaration l'indication du lo-
« cal, du jour et de l'heure de la réunion. Cela
« fait, leur responsabilité sera parfaitement à cou-
« vert ; elle ne serait engagée que si leur déclara-
« tion ne contenait pas ces indications. Vous com-
« prenez facilement, en effet, que l'indication du
« local dans lequel doit se tenir la réunion et celle
« du jour où elle aura lieu sont absolument néces-
« saires, pour que l'autorité puisse prendre à l'avan-
« ce les mesures que commande la nécessité d'as-
« surer le maintien de l'ordre dans la réunion. Mais
« si la réunion, sans la participation des déclarants,
« a lieu dans un autre local, à une autre heure
« que celle indiquée, ils n'encourent absolument
« aucune responsabilité ; le texte de la loi et le
« rapport ne laissent sur ce point subsister aucune
« équivoque. »

Les déclarants ne peuvent même être responsables, si le local de la réunion n'était pas *clos* et *cou-
vert*. Cette responsabilité, n'étant pas mise à leur charge par le § 1er de l'art. 9, n'est pas punissable. Nous verrons plus loin qui sera responsable de cette infraction à l'art. 3.

On ne pourrait pas davantage imputer aux déclarants la prolongation de la réunion au delà de l'heure fixée par l'autorité compétente pour la fermeture
des lieux publics. « Cela ne serait pas raisonnable,
« disait M. Baroche. Il est évident que celui qui a
« signé la déclaration et qui n'assiste peut-être pas
« à l'assemblée — car il n'est pas obligé d'y venir,
« — ou même qui, y assistant, dans tous les cas,
« peut n'en faire partie qu'à titre de simple mem-
« bre, n'a aucun moyen de dissoudre l'assemblée à
« l'heure où les lieux publics doivent être fermés,
« d'après les règlements municipaux. Le bureau
« seul en est responsable. »

§ 3. — *Prêt ou location du local.*

Les citoyens qui ont prêté ou loué le local pour
une réunion sont passibles d'une amende de 100 fr.
à 3,000 fr. et d'un emprisonnement de six jours à
six mois : 1° si la déclaration n'a pas été faite ; 2°
si le local n'est pas conforme aux prescriptions de
l'art. 3.

Il est évident que les propriétaires du local ne
peuvent être inculpés qu'autant que la réunion a eu
lieu. Lorsqu'une réunion est demeurée à l'état de
pur projet, il ne peut y avoir mépris effectif des
garanties que la législation a cru pouvoir prendre
dans un intérêt social, ou plutôt dans un intérêt

gouvernemental. Il n'a été commis aucune atteinte réelle à quoi que ce soit.

Les propriétaires du local peuvent facilement échapper aux peines qui les menacent, en ce qui concerne les conditions matérielles du local. Nous avons vu précédemment ce qu'il faut entendre par local *clos* et *couvert*, en étudiant l'art. 3 de la loi.

La constatation de la déclaration présente plus de difficultés. Le propriétaire, prévenu qu'on a loué son local pour y tenir une réunion publique, peut se mettre à couvert en se faisant représenter le récépissé. Il sera donc responsable si la déclaration n'a pas été faite. Mais il est possible que la déclaration soit irrégulière. Sera-t-il alors responsable ? Evidemment non. Il n'a à se préoccuper que du fait de la déclaration. La loi ne lui a imposé que cette obligation. L'irrégularité reste à la charge des déclarants.

Si la réunion se prolonge au delà de l'heure fixée par l'autorité compétente pour la fermeture des lieux publics, le propriétaire sera-t-il passible des peines portées par la loi ? Non, répondit M. Baroche. Le propriétaire, en effet, n'est pas obligé d'assister à la réunion. Il peut être absent. Fût-il présent, il n'a aucune qualité pour prononcer la dissolution. Dans tous les cas, cette responsabilité ne peut exister, puisque la loi ne l'a pas créée.

Une question fort embarrassante est celle de savoir si, en cas de non-déclaration, le propriétaire sera

responsable, alors qu'il a ignoré que son local devait servir à une réunion publique. Si nous étions en matière de délit, il n'y aurait aucune difficulté ; le propriétaire exciperait de sa bonne foi. Mais nous sommes en matière de contravention ; il suffit de constater la matérialité du fait. Nous croyons donc que le propriétaire sera responsable. Cette conséquence est sans doute rigoureuse, excessive, inique même, mais elle est légale. Elle a été signalée à l'attention de la Chambre par M. Bethmont, qui l'a attaquée avec énergie, et qui n'a pu la faire repousser. Cette responsabilité a été empruntée, il est vrai, à l'art. 3 de la loi de 1834, mais cet article contenait le mot « *sciemment* » qui est absent de notre texte. « Seront considérés comme compli-
« ces, disait cet article, ceux qui auront prêté ou
« loué *sciemment* leur maison pour une ou plu-
« sieurs réunions d'une association non autorisée. »
Si le législateur de 1868 n'a pas été aussi juste que celui de 1834, c'est qu'il ne l'a pas voulu, c'est que sous couleur d'une loi libérale, il faisait au fond une loi d'expédient, d'intimidation , *de guerre*, selon l'énergique expression de M. Ernest Picard.

C'est en présence d'une pareille conséquence que l'on comprend les paroles suivantes de l'honorable M. Glais-Bizoin : « Non-seulement cette loi
« donne et retient, mais elle donne et reprend ;
« elle est, on peut le dire, le chef-d'œuvre du
« genre, une conception qui défie le génie du vieux

« Machiavel. (*Exclamations.*) Tout y est péril, et,
« si c'était parlementaire, j'ajouterais : tout y est
« odieux et ridicule. » (*Bruyante interruption.*)

§ 4. — *Responsabilité du bureau ou des*
organisateurs.

Sont passibles des peines portées par l'art. 9 les
membres du bureau ou, si aucun bureau n'a été
formé, les *organisateurs* de la réunion, en cas d'infraction aux art. 2, 3, 4 et 8, § 1 et 4.

« Nous avons supprimé, dit le rapport supplé-
« mentaire de la commission, les peines édictées
« par le n° 3 de l'ancien art. 9 contre ceux qui se
« sont livrés à des discussions étrangères à l'objet
« de la réunion, et reporté la responsabilité sur les
« membres du bureau qui ont toléré ces discus-
« sions..... Les *membres du bureau* seront donc
« responsables, s'il n'y a pas eu de déclara-
« tion, ou si la déclaration ne remplit pas
« les conditions prescrites par l'article 2 ; si la
« réunion a eu lieu avant l'expiration du délai
« qui doit suivre la délivrance du récépissé
« (art. 2); si la réunion a eu lieu dans un local non
« conforme aux prescriptions de l'art. 3 ; si elle
« s'est prolongée au delà de l'heure fixée pour la
« fermeture des lieux publics (art. 3); s'ils ont
« *toléré* la discussion de questions étrangères à

» l'objet de la réunion (art. 4). Ils seront égale-
« ment responsables des réunions électorales te-
« nues en dehors de la période pendant laquelle la
« loi les aura autorisées, ou avant l'expiration du
« délai d'un jour qui doit suivre la déclaration et la
« délivrance du récépissé (§ 1 et 4 de l'article 8).
« Le même paragraphe du nouvel art. 9 prévoit le
« cas où aucun bureau n'a été formé, et il atteint
« dans cette hypothèse, les *organisateurs de la réu-*
« *nion* pour les infractions commises aux art. 2,
« 3, 4 et 8, § 1 et 4. La loi suppose et elle exige
« la formation d'un bureau. Cette prescription de-
« vra être exécutée ; si elle est violée, le projet de
« loi propose de remonter à ceux qui auront orga-
« nisé la réunion, et de faire peser sur chacun
« d'eux la responsabilité des actes qui leur seront
« personnels. »

Une des étrangetés, des bizarreries, des contra-
dictions et des monstruosités de la loi que nous étudions, est de rendre les membres du bureau responsables des écarts de parole commis par un
tiers, alors que ce tiers n'encourra aucune responsabilité ! C'est là, il faut l'avouer, une singulière
justice distributive. Les *agents provocateurs*, qui ne
subissent jamais les peines auxquelles ils sont quelquefois condamnés, ne courront même plus le ris-
que d'une condamnation. C'est véritablement l'idéal
du genre !

Sans doute il est très difficile à un orateur, encore plus qu'à un écrivain, de se maintenir strictement dans les limites étroites du sujet qu'il traite ; sans doute, pour les esprits élevés et pour les intelligences étendues, tous les sujets se touchent et se confondent dans une sorte de solidarité scientifique ; sans doute, on ne peut pas plus dire au talent qu'au génie : Tu n'iras pas plus loin ! On comprend, dès lors, que la loi, se rendant à l'évidence, n'exige pas l'impossible des orateurs, expérimentés ou non, qui fréquentent les réunions publiques. Eh bien ! ce qu'elle n'a pas osé faire, la loi du 6 juin l'impose comme une obligation, sanctionnée par des peines sévères, aux membres du bureau et aux organisateurs de la réunion ! M. Bethmont avait bien raison de dire que cette contravention est pour le droit de réunion ce qu'est pour la presse le délit d'excitation à la haine et au mépris du gouvernement, c'est-à-dire une infraction élastique et insaisissable, au moyen de laquelle l'administration pourra faire tous les procès possibles à ceux qui lui déplairont.

En passant en revue les dix-huit contraventions que s'exposent à commettre les organisateurs des réunions publiques, en voyant les dix-huit épées de Damoclès constamment suspendues sur leurs têtes, on se demande comment il se peut rencontrer des citoyens assez téméraires, pour oser affronter de gaîté de cœur des dangers aussi réels. Il semble qu'en présence d'un arsenal aussi liberticide les cœurs devraient être glacés et les esprits paralysés. Il n'en est rien. Les entreprises du despotisme ont cela de bon qu'elles surexcitent les courages et finissent par les mettre à la hauteur de la situation.

Malgré la sévérité excessive de la loi, les membres du bureau ne pourraient être responsables des cas de force majeure. Ainsi, on ne saurait leur imputer la prolongation de la réunion au delà de l'heure fixée par l'autorité compétente pour la fermeture des lieux publics, si, après qu'ils ont levé à temps la séance et qu'ils se sont retirés, l'assemblée a continué la discussion. Il y aurait là un fait qui leur serait étranger, et qu'il n'aurait pas dépendu d'eux de prévenir ou d'empêcher.

Si un bureau, composé d'un président et de deux assesseurs au moins, n'a pas été formé, la responsabilité des dix-huit contraventions remonte aux *organisateurs*.

Que faut-il entendre par *organisateurs* d'une réunion ?

Les organisateurs d'une réunion ne seront pas nécessairement les signataires de la déclaration prescrite par l'art. 2, parce que, ainsi que l'ont fait observer le ministre de la justice et le rapporteur, « il se peut que les déclarants ne soient pas les or- « ganisateurs. » Les déclarants, qui ont borné leur action à la déclaration sans agir autrement dans l'intérêt de la réunion projetée, ne peuvent avoir à répondre que de l'accomplissement des neuf conditions prescrites par l'art. 2 de la loi, et que nous avons énumérées sous le paragraphe 2 du présent chapitre. Il ne faut entendre par organisateurs que ceux qui auront veilé à ce que la réunion ait lieu tel jour, à telle heure, dans tel endroit, pour discuter telle question. Ceux-là seuls, qu'ils soient déclarants ou non, seront responsables de l'accomplissement des dix-huit formalités amoncelées par la loi, si aucun bureau n'a été formé.

Bien que l'admission des circonstances atténuantes permise au juge par l'art. 12 de la loi autorise les tribunaux à réduire les peines de l'article 9, même au-dessous de six jours d'emprisonnement et de 16 francs d'amende, et à substituer l'amende à l'emprisonnement en n'appliquant qu'une seule peine, il n'en est pas moins vrai que les membres du bureau d'une réunion publique ne sont pas précisément sur un lit de roses. Tiraillés en sens divers par le commissaire de police qui les trouve toujours trop indulgents, par l'assemblée qui leur reproche souvent leur sévérité, et par l'orateur qui ne veut jamais accepter un avertissement, il leur est bien difficile de ne pas mécontenter tout le monde. Pour qu'une réunion se termine sans encombre, il faut rencontrer avec un bureau intelligent une assemblée tolérante, un orateur peu susceptible et un commissaire de police impartial. Telles sont les conditions dont la loi du 6 juin, digne fille de la lettre du 19 janvier, a fait une nécessité, pour que les citoyens français, dont les pères ont proclamé les principes de 1789, puissent discuter ensemble de matières ne touchant ni à la religion, ni à la politique !

§ 5. — *Introduction illicite dans une réunion électorale.*

La loi punit des peines de l'article 9 les citoyens qui se seront introduits dans une réunion électorale, en contravention au deuxième paragraphe de l'article 8, c'est-à-dire les citoyens qui ne sont pas électeurs dans la circonscription électorale, à moins qu'ils ne soient candidats et n'aient déposé à la préfecture du département le serment constitutionnel.

Toutefois, dans sa réponse à une question de M. Ernest Picard, lors de la discussion de l'article 8, l'honorable M. Paulmier, membre de la commission, a eu l'occasion de dire que la pénalité prononcée par le paragraphe 4 de l'article 9 contre ceux qui s'introduiront sans droit dans une réunion électorale, n'atteindra que celui qui se sera introduit *subrepticement.*

Si le bureau, en effet, si les organisateurs, si l'administration laissent entrer à la réunion tous les citoyens qui se présentent, sans leur demander de faire connaître leurs nom, qualité et domicile, il n'y aura pas contravention de la part des électeurs présents, qu'ils appartiennent à la circonscription ou non, qu'ils soient candidats ou non. Mais si, malgré la vérification, un citoyen réussit à pénétrer soit en se cachant, soit en trompant sur son identité, en un mot, en déjouant les précautions prises, il commettra la contravention, s'il n'avait pas le droit d'entrer.

Cette disposition n'a été évidemment édictée que pour permettre à l'administration d'écarter des réunions électorales certaines personnalités mal pensantes, dont la parole pourrait paraître redoutable aux candidats officiels. Qu'importe, en effet, à l'administration, en dehors de cette hypothèse, que des électeurs étrangers à une circonscription assistent à telle ou telle réunion ?

Est-ce qu'un député n'est pas le député de la France entière avant d'être le député de sa circonscription ? Est-ce que chaque citoyen n'est pas également intéressé à la bonne composition de la Chambre ? Ce n'est donc qu'exceptionnellement que dans l'esprit du législateur le § 4 de l'art. 9 sera appliqué.

Quoi qu'il en soit, cette disposition de la loi peut dès aujourd'hui être considérée comme une lettre morte. On a trouvé dans son texte lui-même le moyen de déjouer les savantes et habiles combinaisons du législateur. Tous les citoyens qui désirent assister aux réunions électorales d'une circonscription qui n'est pas la leur, peuvent le faire sans

aucun danger, en se bornant à déposer à la préfecture du département leur serment constitutionnel,
c'est-à-dire en devenant candidat nominal. Ce sub-
terfuge manque à coup sûr de dignité, mais il est
incontestablement légal. La Chambre de 1868 peut
se consoler de l'inefficacité d'un moyen qui lui inspirait toute sécurité, en songeant que les hommes,
dont l'influence est le plus à redouter, n'ont pas
encore pu surmonter leur invincible répugnance
pour certains serments politiques.

§ 6. — *Crimes et délits de droit commun.*

Les peines de l'article 9 sont prononcées contre
les personnes responsables des dix-huit contraventions que nous avons relevées, sans préjudice des
poursuites qui peuvent être exercées pour tous crimes ou délits commis dans les réunions publiques,
et de l'application des dispositions pénales relatives
aux associations ou réunions non autorisées.

« Le projet distingue, dit l'exposé des motifs,
« entre les crimes ou délits qui se produiraient
« dans une réunion publique, et qui déjà sont pré-
« vus par le code pénal ou par des lois spéciales,
« et les délits ou contraventions constituant une
« violation des dispositions de la loi elle-même.
« Les premiers continueront à être punis des peines
« qui les frappent aujourd'hui. Les seconds seront

« passibles, suivant les cas, des pénalités que pro-
« nonce la loi nouvelle. »

Les associations ou réunions illicites tombent
sous l'application des articles 291, 292, 293 et 294
du code pénal et de l'art. 1er de la loi du 10 avril
1834.

Art. 291.

« Nulle association de plus de vingt personnes,
« dont le but sera de se réunir tous les jours ou à
« certains jours marqués pour s'occuper d'objets
« religieux, littéraires, politiques ou *autres*, ne
« pourra se former qu'avec l'agrément du gouver-
« nement, et sous les conditions qu'il plaira à l'au-
« torité publique d'imposer à la société. — Dans le
« nombre de personnes indiquées dans le présent
« article, ne sont pas comprises celles domiciliées
« dans la maison où l'association se réunit. »

Art. 292.

« Toute association de la nature ci-dessus ex-
« primée qui se sera formée sans autorisation, ou
« qui, après l'avoir obtenue, aura enfreint les con-
« ditions à elle imposées, sera dissoute. Les chefs,
« directeurs ou administrateurs de l'association se-
« ront en outre punis d'une amende de seize francs
« à deux cents francs. »

Art. 293.

« Si, par discours, exhortations, invocations ou
« prières, en quelque langue que ce soit, ou par
« lecture, affiche, publication ou distribution d'é-
« crits quelconques, il a été fait dans ces assem-
« blées quelque provocation à des crimes ou à des
« délits, la peine sera de cent francs à trois cents
« francs d'amende, et de trois mois à deux ans
« d'emprisonnement, contre les chefs, directeurs
« et administrateurs de ces associations ; sans
« préjudice des peines plus fortes qui seraient por-
« tées par la loi contre les individus personnelle-
« ment coupables de la provocation, lesquels, en
« aucun cas, ne pourront être punis d'une peine
« moindre que celle infligée aux chefs, directeurs
« et administrateurs de l'association. »

Art. 294.

« Tout individu qui, sans la permission de l'au-
« torité municipale, aura accordé ou consenti l'u-
« sage de sa maison ou de son appartement en
« tout ou en partie pour la réunion des membres
« d'une association même autorisée, ou pour l'exer-
« cice d'un culte, sera puni d'une amende de seize
« francs à deux cents francs. »

Ces dispositions, édictées sous le premier empire, paraissent aujourd'hui surannées. Elles révè-

lent les inquiétudes d'un pouvoir ombrageux, qui
sacrifie sans scrupule les droits des citoyens à la
sécurité du despotisme. Elles sont à coup sûr anti-
démocratiques et indignes d'un pays libre. Elles
disparaîtront sans discussion le jour où le peuple
sera réellement le maître de ses destinées, car si
elles rassurent les gouvernements tyranniques, elles
arrêtent la vie des sociétés.

La royauté de juillet, le jour où elle oublia son
origine populaire pour courir après le gouvernement personnel, trouva cette arme impériale insuffisante. Pour se protéger contre les mécontente-
ments soulevés par ses prétentions, elle eut recours
à la loi de 1834 qui est ainsi conçue :

Art. 1er.

« Les disposions de l'art. 291 du code pénal
« sont applicables aux associations de plus de vingt
« personnes, alors même que ces associations se-
« raient partagées en sections d'un nombre moin-
« dre, et qu'elles ne se réuniraient pas tous les
« jours ou à des jours marqués. — L'autorisation
« donnée par le gouvernement est toujours révo-
« cable. »

Art. 2.

« Quiconque fait partie d'une association non
« autorisée sera puni de deux mois à un an d'em-

« prisonnement, et de cinquante francs à mille
« francs d'amende. — En cas de récidive, les pei-
« nes pourront être portées au double. Le condam-
« né pourra, dans ce dernier cas, être placé sous
« la surveillance de la haute police pendant un
« temps qui n'excédera pas le double du *maxi-*
« *mum* de la peine. — L'art. 463 du code pénal
« pourra être appliqué dans tous les cas. »

Art. 3.

« Seront considérés comme complices et punis
« comme tels, ceux qui auront prêté ou loué *sciem-*
« *ment* leur maison ou appartement pour une ou
« plusieurs réunions d'une association non autori-
« sée... »

Le cercle du droit avait été resserré jusqu'à l'é-
touffement et jusqu'à l'anéantissement de l'activité
collective, et, en revanche, la peine avait été élevée
dans des proportions considérables. Cette loi, fruit
d'une panique gouvernementale, ne fit qu'augmenter
le nombre des irréconciliab'es, et ne préserva pas
ses auteurs de l'effondrement du 24 février.

A la révolution de 1848, le droit d'association et
de réunion fut un instant réglementé par le décret
du 28 juillet sur les clubs, qui avait cherché à con-
cilier le droit individuel avec l'ordre public, sans
sacrifier l'un à l'autre.

Vint alors le gouvernement du 2 décembre, qui
renchérit encore sur la loi de 1834.

Les dynasties qui espèrent se fonder autrement que par la liberté, trahissent toujours leur impopularité par des mesures extrêmes. C'est assurément à l'inspiration de la peur qu'il faut attribuer le décret du 25 mars 1852, dont voici le texte :

« Art. 1er. — Le décret du 28 juillet 1848 sur « les clubs est abrogé, à l'exception toutefois de « l'art. 13 de ce décret qui interdit les sociétés se-« crètes.

« Article 2e. — Les articles 291, 292 et 294 du « code pénal, et les articles 1, 2 et 3 de la loi du « 10 avril 1834, seront applicables aux *réunions* « *publiques*, de quelque nature qu'elles soient. »

Le droit de réunion et le droit d'association étaient soumis au même régime : ils étaient supprimés purement et simplement par un décret. La loi du 6 juin 1868 a rétabli le droit de réunion avec le libéralisme que nous avons précédemment constaté. Quant au droit d'association, il reste soumis au code pénal et à la loi de 1834. Telles sont les dispositions pénales auxquelles le dernier paragraphe de l'art. 9 de la loi du 6 juin fait allusion, en ce qui concerne les associations non autorisées et les réunions qu'elles peuvent tenir.

L'art. 9 renvoie également aux lois spéciales pour les crimes et délits qui pourraient être commis dans les réunions publiques. Nous n'avons pas à faire la longue énumération des atteintes soit aux personnes, soit aux biens, telles que assassinat,

coups, vols, etc. qui peuvent être commises partout, et que le code pénal prévoit et punit. Nous
nous bornerons à rappeler certaines lois particulières plus politiques que sociales, la plupart transitoires, qui tiraient moins leur source de la conscience universelle que de l'utilité gouvernementale,
et qui par cette raison sont généralement ignorées
malgré les peines sévères qu'elles édictent. Nous
voulons parler des crimes et des délits qui peuvent
être commis par la parole comme par la voie de la
presse.

II

CRIMES, DÉLITS ET CONTRAVENTIONS QUI PEUVENT ÊTRE
COMMIS PAR DES DISCOURS, DES CRIS OU DES
MENACES PROFÉRÉS PUBLIQUEMENT.

§ 1er. — *De la provocation publique aux crimes
et délits.*

« 1° Quiconque, soit par des *discours*, des cris
« ou menaces proférés dans des lieux ou *réunions*
« publics, soit par des écrits, des imprimés, des
« dessins, des gravures, des peintures ou emblè-
« mes vendus ou distribués, mis en vente ou expo-
« sés dans des lieux ou réunions publics, soit par
« des placards ou affiches exposés au regard du
« public, aura provoqué l'auteur ou les auteurs de

« toute action qualifiée *crime* ou *délit* à la com-
« mettre, sera réputé *complice* et puni comme tel. »
(Loi du 17 mai 1819, art. 1er.)

Il s'agit dans cet article d'une provocation qui *aurait été suivie d'effet.*

2° « Quiconque aura, par l'un des moyens énon-
« cés en l'art. 1er de la loi du 17 mai 1819, pro-
« voqué à commettre un ou plusieurs CRIMES, *sans*
« *que ladite provocation ait été suivie d'effet*, sera
« puni d'un emprisonnement qui ne pourra être de
« moins de trois mois ni excéder cinq années, et
« d'une amende qui ne pourra être au-dessous de
« 50 francs ni excéder 6,000 francs. » (*Loi du 17 mai 1819, art. 2.*)

3° « Quiconque aura, par l'un des moyens énon-
« cés en l'art. 1er de la loi du 17 mai 1819, pro-
« voqué à commettre un ou plusieurs DÉLITS, *sans*
« *que ladite provocation ait été suivie d'aucun*
« *effet*, sera puni d'un emprisonnement de trois
« jours à deux années, et d'une amende de 30
« francs à 4,000 francs, ou de l'une de ces deux
« peines seulement, selon les circonstances, sauf
« les cas dans lesquels la loi prononcerait une
« peine moins grave contre l'auteur même du délit,
« laquelle sera alors appliquée au provocateur. »
(*Loi du 17 mai 1819, art. 3.*)

4° « La provocation, par l'un des moyens énoncés à l'art. 1er de la loi du 17 mai 1819, *à la dés-*
« *obéissance aux lois*, sera punie d'un emprisonne-

« ment de trois jours à deux ans et d'une amende
« de 30 francs à 4,000 francs, ou de l'une de ces
« deux peines seulement, selon les circonstances,
« sauf les cas dans lesquels la loi prononcerait une
« peine moins grave contre l'auteur même du délit,
« laquelle sera alors appliquée au provocateur. »
(Loi du 17 mai 1819, art. 6.)

5° « Il n'est point dérogé aux lois qui punissent
« la provocation et la complicité résultant de tous
« actes autres que les faits de publication prévus
« par la loi du 17 mai 1819. » (*Art. 7 de ladite
loi.*)

Cela revient à dire qne si la provocation a lieu
par l'un des moyens énoncés en l'art. 1er de la loi
de 1819, on appliquera les peines de ladite loi ; mais
que si elle a lieu par un autre moyen, on appliquera
les règles générales des art. 59 et 60 du code pénal sur la complicité.

6° « Toute provocation directe à *un attroupement
« armé ou non armé*, par des discours proférés
« publiquement et par des écrits ou des imprimés,
« affichés ou distribués, sera puni comme le crime
« et le délit, selon les distinctions établies dans les
« art. 1, 2, 3, 4 et 5 de la loi du 7 juin 1848. —
« Les imprimeurs, graveurs, lithographes, afficheurs
« et distributeurs seront punis comme complices
« lorsqu'ils auront agi sciemment. — Si la provo-
« cation faite par les moyens ci-dessus n'a pas été
« suivie d'effet, elle sera punie, s'il s'agit de la

« provocation à un attroupement nocturne et armé,
« d'un emprisonnement de six mois à un an ; s'il
« s'agit d'un attroupement non armé, l'emprison-
« nement sera de un mois à trois mois. » (*Loi du*
« *7 juin 1848, art.* 6.)

7° « Toute provocation par l'un des moyens
« énoncés en l'article 1er de la loi du 17 mai 1819,
« adressée *aux militaires des armées de terre et de*
« *mer*, dans le but de les détourner de leurs de-
« voirs militaires et de l'obéissance qu'ils doivent
« à leurs chefs, sera punie d'un emprisonnement
« d'un mois à deux ans et d'une amende de 25 fr.
« à 4,000 fr., sans préjudice des peines plus gra-
« ves prononcées par la loi lorsque le fait consti-
« tuera une tentative d'embauchage ou une 'pro-
« vocation à une action qualifiée crime ou délit. »
(*Loi du 27 juillet 1849, art. 2.*)

§ 2. — *Attaques contre les institutions françaises.*

1° « Toute attaque, par l'un des moyens énon-
« cés en l'art. 1er de la loi du 17 mai 1819, *contre*
« *les droits et l'autorité de l'assemblée nationale,*
« contre les droits et l'autorité que les membres du
« pouvoir exécutif tiennent des décrets de l'as-
« semblée, contre les institutions républicaines et
« la constitution, contre le principe de la souve-
« raineté du peuple et du suffrage universel, sera

« punie d'un emprisonnement de trois mois à cinq
« ans et d'une amende de 300 fr. à 6,000 fr. »
(*Décret du 11 août 1848, art. 1er.*)

La magistrature impériale applique ce décret de
1848 à toute attaque contre les droits et l'autorité
des chambres et du pouvoir exécutif, contre les institutions impériales et contre la constitution de
1852 !

2° « L'art. 1er du décret du 11 août 1848 est
« applicable aux attaques *contre les droits et l'au-*
« *torité que le président de la république tient de la*
« *constitution.* — La poursuite sera exercée d'office
« par le ministère public. » (*Loi du 27 juillet 1849,*
art. 1er.)

La jurisprudence applique cette loi aux attaques
contre les droits et l'autorité que l'empereur tient
de la constitution de 1852 !

3° « L'attaque par l'un des moyens énoncés en
« l'art. 1er de la loi du 17 mai 1819, *contre la li-*
« *berté des cultes, contre le principe de la propriété*
« *et les droits de la famille,* sera punie d'un empri-
« sonnement d'un mois à trois ans et d'une amende
« de 100 fr. à 4,000 fr. » (*Décret du 11 août 1848,*
art. 3.)

D'après le paragraphe 6 de l'art. 15 du décret
du 2 février 1852, les citoyens qui, par application
de l'art. 3 du décret du 11 août 1848, auront été
condamnés pour attaques contre le principe de la
propriété et les droits de la famille, ne doivent pas
être inscrits sur les listes électorales.

4° « Toute attaque, par l'un des moyens énoncés
« en l'art. 1er de la loi du 17 mai 1819 contre
« *le respect dû aux lois* et l'inviolabilité des droits
« qu'elles ont consacrés , toute *apologie de faits*
« *qualifiés crimes ou délits* par la loi pénale, sera
« punie d'un emprisonnement d'un mois à deux
« ans et d'une amende de 16 à 1,000 fr. » (*Loi du*
27 juillet 1849, *art.* 3.)

Cette loi ne porte aucune atteinte au droit de
discussion, de censure et de critique des lois existantes, pourvu que cette discussion et cette critique ne dégénèrent pas en provocation à la désobéissance, ou en attaques contre le respect dû aux
lois.

§ 3. *Outrages à la morale et aux religions légalement reconnues.*

1° « Tout *outrage à la morale publique et reli-*
« *gieuse* ou *aux bonnes mœurs* par l'un des moyens
« énoncés en l'art. 1er de la loi du 17 mai 1819,
« sera puni d'un emprisonnement d'un mois à un
« an et d'une amende de 16 francs à 50 francs. »
(*Loi du 17 mai* 1819, *art.* 8.)

D'après le § 6 de l'art. 15 du décret du 2 février
1852, les personnes qui, par l'application de l'article 8 ci-dessus, auront été condamnées pour outrages à la morale publique et religieuse ou aux

bonnes mœurs, ne doivent pas être inscrites sur les listes électorales.

2° « Quiconque aura *outragé ou tourné en déri-*
« *sion la religion de l'Etat* sera puni d'un empri-
« sonnement de trois mois à cinq ans et d'une
« amende de 300 à 6,000 francs. — Les mêmes
« peines seront prononcées contre quiconque aura
« outragé ou tourné en dérision toute autre reli-
« gion dont l'établissement est légalement reconnu
« en France. » (*Loi du 25 mars 1822, art.* 1er.)

§ 4. *Excitation à la haine et au mépris du gou-vernement et des citoyens.*

1° « Quiconque, par un des moyens énoncés en
« l'art. 1er de la loi du 17 mai 1819, aura *excité à*
« *la haine ou au mépris du gouvernement* de la ré-
« publique, sera puni d'un emprisonnement d'un
« mois à quatre ans, et d'une amende de 150 à
« 5,000 francs. — La présente disposition ne peut
« pas porter atteinte au droit de discussion et de
« censure des actes du pouvoir exécutif et des
« ministres. » (*Décret du 11 août 1848, art.* 4.)

La magistrature impériale, comme toujours, ap-plique cette disposition à quiconque aurait excité à la haine et au mépris du gouvernement de l'em-pereur !

Cet art. 4 du décret du 11 août 1848 n'est que

la reproduction de l'art 4 de la loi du 25 mars 1832, avec cette différence que sous la monarchie de juillet, les ministres étant responsables, le droit de discussion et de censure n'existait qu'à l'égard des actes des ministres. En 1848, ce droit fut étendu aux actes du pouvoir exécutif.

Aujourd'hui, aux termes des art, 5 et 13 de la constitution du 14 janvier 1852, « le président de « la république est responsable devant le peuple « français auquel il a toujours droit de faire appel; « les ministres ne dépendent que du chef de l'Etat; « ils ne sont responsables que chacun en ce qui le « concerne des actes du gouvernement; il n'y a « point de solidarité entre eux. Ils ne peuvent être « mis en accusation que par le sénat. »

2° — « Quiconque, par l'un des moyens énoncés « par l'art. 1er de la loi du 17 mai 1819, aura « cherché à troubler la paix publique en excitant « *le mépris ou la haine des citoyens* les uns contre « les autres, sera puni d'un emprisonnement de « quinze jours à deux ans et d'une amende de 100 « à 4,000 francs. » (*Décret du 11 août 1848,* « *art. 7*)

§ 5. — *Offenses envers les souverains et les chambres.*

1° — « Quiconque, par l'un des moyens énoncés « en l'art. 1er de la loi du 17 mai 1819, se sera

« rendu coupable *d'offenses envers la personne du*
« *roi*, sera puni d'un emprisonnement qui ne pourra
« être de moins de six mois ni excéder cinq années,
« et d'une amende qui ne pourra être au-dessous
« de 500 fr. ni excéder 10,000 fr. — Le coupable
« pourra, en outre, être interdit de tout ou partie
« des droits mentionnés en l'art. 42 du code pénal,
« pendant un temps égal à celui de l'emprisonne-
« ment auquel il aura été condamné. Ce temps
« courra à compter du jour où le coupable aura
« subi sa peine. » (*Loi du 17 mai* 1819, *art.* 9)

Les droits mentionnés en l'art. 42 du code pénal,
sont ceux : 1º de vote et d'élection ; 2º d'éligibilité;
3º d'être appelé ou nommé aux fonctions de juré,
ou autres fonctions publiques, ou aux emplois de
l'administration, ou d'exercer ces fonctions ou emplois ; 4º du port d'armes ; 5º de vote et de suffrage dans les délibérations de famille ; 6º d'être tu-
teur, curateur, si ce n'est de ses enfants, et sur
l'avis seulement de la famille ; 7º d'être expert, ou
employé comme témoin dans les actes ; 8º de témoignage en justice, autrement que pour y faire de
simples déclarations.

2º « Toute *offense* commise publiquement en-
« vers *la personne de l'empereur*, est punie d'un
« emprisonnement de six mois à cinq ans et d'une
« amende de 500 fr. à 10,000 fr. Le coupable peut,
« en outre, être interdit de tout ou partie des droits
« mentionnés en l'art. 42 du code pénal pendant

« un temps égal à celui de l'emprisonnement au-
« quel il a été condamné. Ce temps court à compter
« du jour où il a subi sa peine. » (*Art.* 86, § 4 *du
code pénal, modifié par la loi du* 10 *juin* 1853.)

La différence qui existe entre ce délit et le pré-
cédent consiste dans ce que l'offense dont parle
l'article 9 de la loi du 17 mai 1819, n'est consti-
tuée qu'à la condition de se manifester « soit par
« des discours, des cris ou menaces *proférés* dans
« des lieux ou réunions publics », tandis que l'offense prévue par l'art. 86 du code pénal existe par
cela seul qu'elle a été « commise publiquement »,
c'est-à-dire par tous les modes de publicité, sans
distinction. Une simple réflexion faite à un ami dans
une conversation, soit en se promenant dans la rue,
soit dans un lieu accessib'e au public, pourrait être
considérée par des juges zélés pour la personne du
prince comme une offense dans le sens de l'art. 86
du code pénal, pour peu qu'elle ait frappé l'oreille
complaisante de ces témoins infaillibles et impartiaux que le despotisme glisse partout.

« 3° L'*offense* par l'un des moyens énoncés en
« l'art. 1er de la loi du 17 mai 1819, *envers les
« membres de la famille royale,* sera punie d'un
« emprisonnement de 100 francs à 5,000 francs. »
(*Loi du* 17 *mai* 1819, *art.* 10.)

L'article 86 du code pénal punit des mêmes peines l'offense commise publiquement, même en dehors des moyens énoncés en l'art. 1er de la loi du

17 mai 1819, envers les membres de la famille impériale.

4° « L'*offense* par l'un des moyens énoncés en
« l'art. 1er de la loi du 17 mai 1819, *envers l'assem-*
« *blée nationale*, sera punie d'un emprisonnement
« d'un mois à trois ans et d'une amende de 100 à
« 5,000 francs. » (*Décret du* 11 *août* 1848, *art.* 2.)
Cet article est appliqué aux offenses envers le
sénat et le corps législatif !

5° « L'*offense* par l'un des moyens énoncés en
« l'art. 1er de la loi du 17 mai 1819, *envers la per-*
« *sonne des souverains*, ou envers celle des chefs
« des gouvernements étrangers, sera punie d'un
« emprisonnement d'un mois à trois ans et d'une
« amende de 100 à 5,000 francs. » (*Loi du* 17 *mai*
1819, *art.* 12.)

§ 6. — *Diffamation et injures.*

« Toute allégation ou imputation d'un fait qui
« porte atteinte à l'honneur ou à la considération de
« la personne ou du corps auquel le fait est imputé
« est une *diffamation.* — Toute expression outra-
« geante, terme de mépris ou invective, qui ne ren-
« ferme l'imputation d'aucun fait, est une *injure.*

« La diffamation et l'injure commises par un des
« moyens énoncés en l'art. 1er de la loi du 17 mai
« 1819, seront punies d'après les distinctions sui-
« vantes :

1º — « La *diffamation* envers *tout dépositaire* ou
« *agent de l'autorité publique,* pour des faits relatifs
« à ses fonctions, sera punie d'un emprisonnement
« de huit jours à dix-huit mois et d'une amende de
« 50 à 3,000 fr. — L'emprisonnement et l'amen-
« de pourront, dans ce cas, être infligés cumula-
« tivement ou séparément, selon les circonstan-
« ces. » (Loi du 17 mai 1819, art. 13, 14 et 16.)

2º — « La *diffamation* envers *les ambassadeurs,*
« *ministres plénipotentiaires, envoyés, chargés d'af-*
« *faires* ou autres agents diplomatiques accrédités
« près du roi, sera punie d'un emprisonnement de
« huit jours à dix huit mois, et d'une amende
« de 50 à 3,000 francs, ou de l'une de ces deux
« peines seulement selon les circonstances. » (Loi
du 17 mai 1819, art. 17.)

3º — « La *diffamation* ou l'injure envers les
« *cours, tribunaux, corps constitués,* autorités ou
« administrations publiques, sera punie d'un em-
« prisonnement de quinze jours à deux ans, et
« d'une amende de 150 à 5,000 francs. » (Loi du
25 mars 1822, art. 5.)

4º — « La *diffamation* envers les *particuliers*
« sera punie d'un emprisonnement de cinq jours à
« un an et d'une amende de 25 à 3,000 francs, ou
« de l'une de ces deux peines seulement, selon les
« circonstances. » (Loi du 17 mai 1819, art. 18.)

Un arrêt de la cour de cassation du 24 mai
1864 appliqua cette pénalité à la diffamation envers
les morts !

5° — « L'*injure* contre les personnes désignées
« par les art. 16 et 17 de la loi du 17 mai 1819
« (dépositaires ou agents de l'autorité publique,
« ambassadeurs, ministres plénipotentiaires, en-
« voyés, chargés d'affaires ou autres agents diplo-
« matiques), sera punie d'un emprisonnement de
« cinq jours à un an, et d'une amende de 25 à
« 3,000 fr., ou de l'une de ces deux peines seule-
« ment, selon les circonstances. — L'injure con-
« tre les particuliers sera punie d'une amende dé
« 16 à 500 fr. » (*Loi du 17 mai* 1819, *art.* 19.)

6° — « Néanmoins, l'injure qui ne renfermerait
« pas l'imputation d'un vice déterminé ou qui ne
« serait pas publique, continuera d'être punie des
« peines de simple police. » (*Loi du 17 mai* 1819,
« *art.* 21.)

D'après les art. 471 et 474 du code pénal, ces
sortes d'injures sont punies d'amendes depuis un
franc jusqu'à cinq francs inclusivement. La peine
d'emprisonnement aura toujours lieu, en cas de
récidive, pendant trois jours au plus.

DÉLITS ET CONTRAVENTIONS QUI PEUVENT ÊTRE COMMIS PUBLIQUEMENT PAR DIFFÉRENTS MODES DE PUBLICITÉ.

§ 1er. — *Provocation aux attentats contre l'Empereur.*

« Est puni d'un emprisonnement de deux à cinq
« ans, et d'une amende de 500 à 10,000 fr., tout
« individu qui a *provoqué publiquement* d'une ma-
« nière quelconque aux crimes prévus par les art.
« 86 et 87 du code pénal, lorsque cette provoca-
« tion n'a pas été suivie d'effet. » (*Loi du 27 février 1858, art. 1er.*)

L'art. 86 du code pénal, modifié par la loi du 10
juin 1853, prévoit l'attentat contre la vie ou contre
la personne de l'empereur, l'attentat contre la vie et
contre la personne des membres de la famille
impériale. L'art. 87, également modifié par la loi du
10 juin 1853, prévoit l'attentat dont le but est, soit
de détruire et de changer le gouvernement ou l'ordre de successibilité au trône, soit d'exciter les
citoyens ou habitants à s'armer contre l'autorité impériale.

§ 2. — *Cris et actes séditieux.*

« 1° Seront punis d'un emprisonnement de six
« jours à deux ans, et d'une amende de 16 à 4,000

— 189 —

« francs, *tous cris séditieux* publiquement voci-
« férés. » (*Loi du* 25 *mars* 1822, *art.* 8)

Il y a des jugements rendus sous l'empire qui
ont considéré comme séditieux à certaines époques
les cris de *Vive la Pologne!* et de *Vive Garibaldi!*
D'après la jurisprudence, le caractère séditieux
d'un cri varie suivant les circonstances. Il n'y a pas
de règle fixe à cet égard. La magistrature a pris
l'habitude de considérer comme séditieux tous les
cris qui déplaisent au gouvernement.

2° « Seront punis d'un emprisonnement de quinze
« jours à deux ans et d'une amende de 100 à 4,000
« francs :

« 1° L'enlèvement ou la dégradation des signes
« publics de l'autorité du gouvernement de la ré-
« publique opéré en haine ou mépris de cette au-
« torité ;

« 2° Le port public de tous les signes extérieurs
« de ralliement non autorisés par la loi ou par des
« règlements de police ;

« 3° L'exposition dans des lieux ou réunions pu-
« blics, la distribution ou la mise en vente de tous
« signes ou symboles propres à encourager l'esprit
« de rébellion ou à troubler la paix publique. »
(*Décret du* 11 *août* 1848, *art.* 6.)

§ 3. — *Outrages aux personnes.*

1° — « L'*outrage* fait publiquement, d'une ma-

« nière quelconque , à raison de leurs fonctions
« ou de leur qualité, à un ou plusieurs *membres de*
« *l'assemblée nationale,* soit à un *ministre de l'un*
« *des cultes* qui reçoivent un salaire de l'Etat, sera
« puni d'un emprisonnement de quinze jours à
« deux ans et d'une amende de 100 à 4,000 fr. »
(*Décret du* 11 *août* 1848, *art.* 5.)

L'outrage consiste non seulement dans l'emploi
de termes de mépris, d'invectives , d'expressions
simplement injurieuses, ou dans des propos contenant l'allégation ou l'imputation d'un fait de nature
à porter atteinte à l'honneur et à la considération
de la personne ou du corps auquel le fait est imputé, mais encore dans l'emploi de gestes ou de menaces emportant avec eux un sens injurieux et dif-
famatoire.

2° — « L'*outrage* fait pub'iquement d'une manière quelconque, envers un *juré* à raison de ses fonctions, soit à un *témoin* à raison de sa déposition,
sera puni d'un emprisonnement de dix jours à un
an et d'une amende de 50 à 3,000 fr. » (*Loi du* 25
mars 1822, *art.*6, § 2.)

« 3° L'*outrage* fait à un *ministre de la religion*
« *de l'Etat* ou de l'une des religions légalement re-
« connues en France, dans l'exercice même de ses
« fonctions, sera puni d'un emprisonnement de
« trois mois à cinq ans, et d'une amende de 300 à
« 6,000 francs. » (*Loi du* 25 *mars* 1822, *art.* 6
et 3.)

4° « Les condamnés à plus d'un mois d'empri-
« sonnement pour rébellion, outrages et violences
« envers les dépositaires de l'autorité ou de la force
« publique, pour outrages publics envers un juré
« en raison de ses fonctions, ou envers un témoin
« à raison de sa déposition, ne pourront pas être
« inscrits sur les listes électorales pendant cinq
« ans, à dater de l'expiration de leur peine. »
(*Décret du 2 février 1852, art. 6.*)

§ 4. — *Souscriptions judiciaires.*

« Il est interdit d'ouvrir ou d'*annoncer publique-
« ment* des *souscriptions* ayant pour objet d'in-
« demniser des amendes, frais, dommages et inté-
« rêts prononcés par des condamnations judiciaires.
« La *contravention* sera punie par le tribunal cor-
« rectionnel d'un emprisonnement d'un mois à un
« an, et d'une amende de 500 à 1,000 fr. » (*Loi
du 2 juillet 1849, art. 5.*)
Comme il s'agit d'une *contravention*, la bonne foi
du contrevenant sera impuissante à le faire échapper à une condamnation en cas de poursuite.

§ 5. — *Discussion de la constitution.*

« Est interdite toute discussion ayant pour objet
« la *critique* ou la *modification* de la *constitution*, et
« publiée ou reproduite, soit par la presse pério-

« dique, soit par des affiches, soit par des écrits
« non périodiques des dimensions déterminées par
« le § 1er de l'article 9 du décret du 17 février
« 1852.

« Les pétitions ayant pour objet une modifica-
« tion ou une interprétation de la constitution, ne
« peuvent être rendues publiques que par la publi-
« cation du compte rendu officiel de la séance
« dans laquelle elles ont été rapportées. — Toute
« infraction aux prescriptions du présent article
« constitue une *contravention* punie d'une amende
« de 500 fr. à 10,000 fr. » (*Sénatus-consulte du
18 juillet 1866, modificatif de la constitution,
art. 2.*)

Le nombre de dix feuilles d'impression des écrits
non périodiques, prévu par l'art. 9 du décret du 17
février 1852, a été réduit à six par la loi du 11
mai 1868.

Quant à la discussion de la constitution, elle ne
saurait être interdite dans les réunions publiques
électorales, tenues dans les délais de la loi, car
alors le peuple reprend l'exercice sexennal de sa
souveraineté, qui serait véritablement illusoire s'il
ne pouvait discuter le mandat qu'il entend donner
à ses représentants.

§ 6. — *Fausses nouvelles.*

1º — « La publication ou la reproduction de

« *nouvelles fausses*, de pièces fabriquées, falsifiées
« ou mensongèrement attribuées à des tiers, sera
« punie d'une amende de 50 francs à 1,000 francs.
« Si la publication ou reproduction est faite de mau-
« vaise foi ou si elle est de nature à troubler la
« paix publique, la peine sera d'un mois à un an
« d'emprisonnement et d'une amende de 500 fr.
« à 1,000 francs. Le maximum de la peine sera
« appliqué si la publication ou reproduction est
« tout à la fois de nature à troubler la paix publi-
« que et faite de mauvaise foi. » (*Décret du 17 février 1852, art. 15*)

La cour de cassation a décidé par un arrêt du 21
mars 1868, que le délit de fausses nouvelles existe
lors même que l'auteur de la publication a ignoré
la fausseté des nouvelles, et qu'il ne les a données
que comme des rumeurs qu'il n'est pas en mesure
de confirmer.

2° « Ceux qui, à l'aide de fausses nouvelles,
« bruits calomnieux, ou autres manœuvres fraudu-
« leuses, auront surpris ou détourné les suffrages,
« déterminé un ou plusieurs électeurs à s'abstenir
« de voter, seront punis d'un emprisonnement
« d'un mois à un an et d'une amende de 100 francs
« à 2,000 francs. » (*Décret du 21 février 1852,
art. 40.*)

Si cette disposition était scrupuleusement obser-
vée par les procureurs impériaux, comme c'est
leur devoir de le faire, bien des préfets, souteneurs

de candidats officiels, seraient traduits en justice pour leurs manœuvres de la dernière heure. Malheureusement dans notre pays, où tous les citoyens sont censés égaux devant la loi, on laisse dormir les dispositions pénales quand il s'agit de les appliquer aux fonctionnaires de tout ordre. Ainsi le veulent les traditions administratives de la monarchie. Et l'on s'étonne après cela de la fréquence des révolutions!

§ 7. — *Publication d'actes interdits aux conseils électifs.*

1° — « Tout éditeur, imprimeur, journaliste ou « autre, qui rendra publics les actes interdits au « conseil général et au conseil d'arrondissement « par les art. 15, 16, 17 et 28 de la loi du 22 « juin 1833, sera passible des peines portées par « l'art. 123 du code pénal. » (*Loi du 22 juin 1833, art. 19.*)

Les actes interdits par les art. ci-dessus sont : 1° les délibérations prises hors de la réunion légale ; 2° la mise en correspondance avec un ou plusieurs conseils d'arrondissement ou de département ; 3° la rédaction d'une proclamation ou d'une adresse.

Les peines de l'art. 123 du code pénal consistent dans un emprisonnement de deux mois au moins et de six mois au plus, auquel les juges pourront ajouter l'interdiction des droits civiques et de tout emploi public pendant dix ans au plus.

2° « Tout éditeur, imprimeur, journaliste ou « autre, qui rendra publics les actes interdits au « conseil municipal par les art. 24 et 25 de la loi « du 5 mai 1855, sera passible des peines portées « en l'art. 123 du code pénal. » (*Loi du 5 mai 1855, art. 26.*)

Les actes interdits aux conseils municipaux par les art. 24 et 25 de la loi du 5 mai 1855 sont les mêmes que ceux interdits aux conseils généraux et aux conseils d'arrondissement par les art. 15, 16, 17 et 28 de la loi du 22 juin 1833.

§ 8. — *Du colportage et de la distribution des écrits et dessins.*

1° — « Tous distributeurs ou colporteurs de li- « vres, écrits, brochures, gravures et lithographies « devront être pourvus d'une autorisation qui leur « sera délivrée, pour le département de la Seine, « par le préfet de police, et pour les autres dépar- « tements, par les préfets. — Ces autorisations « pourront toujours être retirées par les autorités « qui les auront délivrées. — Les contrevenants « seront condamnés par les tribunaux correction- « nels à un emprisonnement d'un mois à six « mois, et à une amende de 25 à 500 francs, sans « préjudice des poursuites qui pourraient être di-

« r·gées pour crime ou délit, soit contre les au-
« teurs ou éditeurs de ces écrits, soit contre les
« distributeurs ou colporteurs eux-mêmes. » (*Loi du
27 juillet 1849, art.* 6.)

La cour de cassation, par un arrêt du 20 mai
1854, a jugé que le mot *écrits* de l'art. 6 de la loi
du 27 juillet 1849 s'appliquait à une simple liste de
noms de candidats ou *bulletins de vote !* Elle est
encore allée plus loin !! Par un autre arrêt du 27
septembre 1855, elle a décidé que l'autorisation
préfectorale était nécessaire, non seulement aux
colporteurs, mais encore aux *distributeurs acciden-
tels* de bulletins électoraux et même au *candidat* qui
distribuerait ses propres bulletins !!!

Heureusement que la plupart des cours d'appel
de France ont refusé de suivre la cour de cassation
sur ce terrain et dans cette voie !

2° « Les condamnés à plus d'un mois d'em-
« prisonnement pour infraction à la loi sur le col-
« portage ne pourront pas être inscrits sur la liste
« électorale pendant cinq ans à partir de l'expiration
« de leur peine. » (*Décret du 2 février 1852,
art.* 16.)

§ 9. — *Délits commis par une voie de publication
quelconque.*

1° « Il est interdit de publier les actes d'accusa-
« tion et aucun acte de procédure criminelle avant

« qu'ils aient été lus en audience publique, sous
« peine d'une amende de 100 fr. à 2,000 fr. — En
« cas de récidive commise dans l'année, l'amende
« pourra être portée au double et le coupable con-
« damné à un emprisonnement de dix jours à six
« mois. » (*Loi du 27 juillet* 1849, *art.* 10.)

2° « Il est interdit de rendre compte des procès
« pour outrages ou injures et des procès en diffa-
« mation où la preuve des faits diffamatoires n'est
« pas admise par la loi. La plainte pourra seule-
« ment être annoncée sur la demande du plaignant.
« Dans tous les cas, le jugement pourra être pu-
« blié. — Il est interdit de publier les noms des
« jurés, excepté dans le compte rendu de l'audience
« où le jury aura été constitué ; de rendre compte
« des délibérations intérieures, soit des jurés, soit
« des cours et tribunaux. — L'infraction à ces dis-
« positions sera punie d'une amende de 200 fr. à
« 3,000 fr. — En cas de récidive commise dans
« l'année, la peine pourra être portée au double. »
(*Loi du 27 juillet* 1849, *art.* 11.)

Nous arrêtons ici l'énumération des crimes, délits
et contraventions qui peuvent être commis par les
orateurs des réunions publiques, aussi bien que par
les écrivains. Cette énumération est bien loin d'être
complète. Nous ne nous sommes occupé que des
infractions qui peuvent se présenter le plus fréquemment.

Nous avons pensé que ce travail, quelque incomplet qu'il soit, pouvait être à différents titres utile à un grand nombre de nos lecteurs. Non-seulement les dispositions légales que nous avons reproduites, sont en général ignorées, tant elles s'écartent pour la plupart des prohibitions qu'une raison droite et éclairée pressent avant de les voir consacrées par un texte, mais elles sont empruntées à un grand nombre de lois pénales qui n'ont jamais été codifiées, et qui par conséquent, échappent facilement à l'attention, même des jurisconsultes et des hommes d'étude. Nous espérons donc qu'on nous pardonnera en faveur de l'intention notre digression plus apparente que réelle.

Toutes ces lois répressives, que nous ont léguées les régimes précédents, auxquelles la république de 1848 a eu le tort de ne pas fermer assez étroitement les portes, et dont le gouvernement impérial s'est montré particulièrement si prodigue, paraissent jalouses de la liberté des citoyens, au point de la faire presque disparaître sous la multiplicité et sous la rigueur des restrictions. Elles paraissent avoir été dictées, moins par un respectable sentiment de conservation sociale que par de mesquines préoccupations gouvernementales et dynastiques. Il y a donc lieu de démolir au plus vite, afin de marcher enfin dans les voies d'une démocratie vraiment libérale, toutes ces lois surannées, véritable Bastille de la pensée. Déjà, dans le cours de la dernière législature, lors de la discussion de la loi du

11 mai 1868 sur la presse, les membres de la gauche ont présenté un amendement demandant l'abrogation des textes de loi réprimant l'attaque contre la liberté des cultes, le principe de la propriété
et les droits de la famille, l'excitation à la haine et
au mépris du gouvernement ou des citoyens, l'outrage à la morale publique et religieuse ou à un
culte légalement reconnu, l'offense envers le sénat
ou le corps législatif, les cris et actes séditieux,
les fausses nouvelles et les outrages envers certaines personnes. Cet amendement a été rejeté par
les Arcadiens de la chambre, qui étaient alors en
majorité et qui votaient sous la houlette du vice-
empereur Rouher. Aujourd'hui que le vent semble
souffler dans les voiles de la liberté, aujourd'hui que
le message du 12 juillet nous annonce une ère nouvelle, aujourd'hui que la récente amnistie a été oc-
troyée comme un gage de la sincérité de l'évolu-
tion promise dans la marche de l'empire, espérons
que l'arsenal du despotisme finira par être déman-
telé et rasé, pour le plus grand bien et pour le plus
grand profit de la liberté, de l'égalité et de la fra-
ternité !

Quoi qu'il en soit, quand on voit le chemin des
écrivains de la presse périodique et des orateurs
des réunions publiques semé de si nombreux et si
dangereux écueils, il est permis de se demander si
les promesses du 19 janvier 1867, qui ont abouti à
la loi du 11 mai 1868 contre la presse et à la loi

du 6 juin de la même année contre les réunions publiques, ne constituent pas une immense mystification ! Le gouvernement aurait pu, tout en restant armé jusqu'aux dents en matière de presse, supprimer le timbre et le cautionnement et rétablir le jury ; en matière de réunion publique, ne pas remplacer l'autorisation préalable par la déclaration préalable, et surtout ne pas accorder à ses agents la puissance énorme d'ajourner, d'interdire et de dissoudre arbitrairement les réunions. Il ne l'a pas voulu. Comment ose-t il s'étonner dès lors que personne ne puisse ajouter foi à ses velléités libérales? S'il veut exercer une influence sérieuse sur l'opinion publique, qu'il désarme enfin au lieu de rester constamment armé en guerre, comme au lendemain de la néfaste journée du 2 décembre !

DU REFUS DE SE DISPERSER.

Tout membre du bureau ou de l'assemblée qui n'obéit pas à la réquisition faite à la réunion par le représentant de l'autorité d'avoir à se disperser, est puni d'une amende de 300 fr. à 6,000 fr. et d'un emprisonnement de 15 jours à un an, sans préjudice des peines portées par le code pénal pour résistance, désobéissance et autres manquements envers l'autorité publique (art. 10).

« Il nous a paru nécessaire, dit l'exposé des mo-

« tifs, à raison des dangers que pourrait présenter
« le droit de réunion, s'il s'écartait de ses limites
« légales, d'en prévenir les écarts par des peines
« qui, sans être trop rigoureuses, soient cepen-
« dant sérieusement efficaces. »

Les lois déjà existantes ont paru insuffisantes
aux timides législateurs de 1868. Il leur a fallu
imaginer un délit nouveau pour un fait qui d'ordinaire n'est ni puni ni punissable. La nouvelle loi
punit le seul fait de désobéissance pure et simple à
la réquisition du représentant de l'autorité, indépendamment de toute infraction aux lois qui répri-
ment l'outrage, la rébellion, la résistance avec violences, etc. L'abstention, l'inaction, la passivité, en
dehors de toute parole, de tout geste, de tout acte,
constituent l'infraction punie par l'art. 10. C'est là
le délit particulier dont se sont enrichies nos lois
répressives, qui paraissaient pourtant ne rien laisser à désirer sous ce rapport. Les prétendues libertés restituées sous l'empire ne marchent jamais
qu'escortées d'un bataillon de prohibitions, qui en
rendent l'usage impossible.

Les honorables MM. Picard, Guéroult et Marie
se sont vivement élevés contre l'art. 10. Ils trou-
vaient que les pénalités édictées par cet article sont
d'une exagération excessive, appliquées surtout à
un fait purement négatif. « Quoi ! disaient-ils, il
« suffira d'un simple retard dans une dispersion,
« qui ne sera pas toujours facile, pour que les

« membres du bureau ou de l'assemblée encou-
« rent les rigueurs de la loi ! C'est un fonctionnaire
« auquel on demande plus de zèle que d'impartia-
« lité, qui sera juge du temps nécessaire pour sor-
« tir d'un local, qui n'a le plus souvent qu'une seule
« issue ! » Toutes ces objections n'émurent même
pas la chambre, dont la majorité vota l'article 10
avec un certain entrain. M. Lenormand, commissaire du gouvernement, et M. Baroche, ministre de
la justice, se bornèrent à répondre que *le maximum*
de la peine ne serait peut-être jamais prononcé, et
que l'application de l'art. 463 du code pénal sur les
circonstances atténuantes permettrait de faire descendre souvent les condamnations au-dessous du
minimum.

Ce système, qui laisse une si grande latitude
d'appréciation à une magistrature non élue, ne présente aucune garantie aux citoyens. Une magistrature, dont l'avénement ne dépendrait pas exclusivement de la bonne volonté du pouvoir exécutif, et
dont la responsabilité trouverait une sanction dans
le suffrage de tous, pourrait seule être investie sans
dangers d'une puissance aussi redoutable. La réponse de MM. Lenormand et Baroche ne donnait
donc aucune satisfaction aux inquiétudes légitimes
et aux craintes fondées des honorables MM. Picard,
Guéroult et Marie.

Cette infraction nouvelle ne constitue pas, ainsi
que les infractions prévues et punies par l'art. 9,

une simple *contravention*, mais bien un véritable *délit*. L'art. 10, en effet, n'ayant pas pris la peine de qualifier exceptionnellement le fait qu'il réprime, on rentre dans le droit commun. Or, l'infraction prévue par cet article étant punie de peines correctionnelles, constitue, d'après les définitions du code pénal, un délit pur et simple.

En conséquence :

1° La peine la plus forte sera seule appliquée en cas de conviction de plusieurs délits ;

2° L'excuse de la bonne foi devra être admise ;

3° Les art. 59 et suivants du code pénal sur la complicité seront applicables ;

Et 4° La prescription de l'action sera de trois ans.

Bien que, d'après l'intention par trop évidente de la loi, l'art. 10 ait eu pour but de réprimer un fait purement passif, un fait purement négatif, il est hors de doute que la peine ne sera pas encourue si la dispersion immédiate ne peut avoir lieu par suite de circonstances indépendantes de la volonté des membres du bureau ou de l'assemblée. Il ne suffira pas, en effet, d'être demeuré à sa place et de n'avoir pas quitté la réunion immédiatement après la réquisition du représentant de l'autorité pour violer la loi, il faudra avoir opposé volontairement une résistance inerte, en un mot, avoir désobéi avec intention. Qui oserait reprocher à un citoyen de n'être pas sorti d'une réunion lorsque l'encombrement de la porte ne lui a pas permis de le faire, ou si par suite d'une circonstance quelconque, il y avait danger de mettre le pied dehors ? Il faut espérer que les juges entendront dans un sens raisonnable, malgré leur caractère politique, des dispositions déjà excessives en elles-mêmes.

Lorsqu'une dissolution est prononcée, surtout en dehors des cas prévus par la loi, comme cela se voit fréquemment dans certaines réunions de Paris, il peut arriver qu'un membre du bureau ou de l'assemblée présente quelques observations au fonctionnaire délégué pour essayer de le faire revenir sur sa décision. Ce fait constituerait-il une infraction à l'art. 10 ? Nous ne le pensons pas. Le délit ne serait pas davantage commis au cas d'une protestation motivée développée à haute voix, si cette protestation était suivie d'une dispersion immédiate. Tant qu'il n'y a pas une véritable manifestation d'un refus formel d'obéir, la peine n'est pas applicable.

La réquisition d'avoir à se disperser n'est assujettie à aucune forme particulière. La loi s'en est rapportée sur ce point à l'intelligence et à la prudence des agents de l'administration. Seulement nous croyons que, vu l'importance de cet acte, vu la gravité possible de ses conséquences, le fonctionnaire délégué devra donner lecture de l'article 10, pour que, malgré le tumulte qui accompagne ordinairement une dissolution inattendue, tous les

membres de l'assemblée puissent entendre la réquisition et y obéir. A défaut d'une pareille lecture,
qui devrait être faite à haute voix, il pourrait arriver que des assistants, placés aux extrémités du
local où se tient la réunion, n'entendissent pas la réquisition et refusassent ainsi de se disperser. Il
serait alors p'us difficile de distinguer si la résistance aurait lieu de bonne ou de mauvaise foi.

Il peut arriver qu'un citoyen désobéisse à la réquisition du représentant de l'autorité : 1° en prononçant des paroles, en faisant des gestes ou en
proférant des menaces que les art. 222 et suivants
du code pénal considèrent comme des *outrages* ;
2° en opposant une résistance avec violence et
voies de fait, résistance que les art. 209 et suivants du même code considèrent comme un acte de
rébellion. Ces délits, qui ne sont autres qu'une simple désobéissance purement passive, ne tombent
plus sous l'application de l'article 10 de la loi du
6 juin 1868, mais sous les articles suivants du
code pénal qu'il importe de rappeler ici.

§ Ier. — *Outrages.*

Art. 222.

« Lorsqu'un ou plusieurs magistrats de l'ordre
« administratif ou judiciaire, lorsqu'un ou plusieurs
« jurés auront reçu, dans l'exercice de leurs fonc-

« tions, ou à l'occasion de cet exercice, quelque
« *outrage par paroles*, par écrit ou dessin, non
« rendus publics, tendant, dans ces divers cas, à
« inculper leur honneur ou leur délicatesse, celui
« qui les aura ainsi outragés sera puni d'un em-
« prisonnement d'un mois à deux ans... » (*Loi du*
13 *mai* 1863)

Art. 223.

« L'outrage fait par *gestes ou menaces* à un ma-
« gistrat ou à un juré dans l'exercice ou à l'occa-
« sion de l'exercice de ses fonctions, sera puni
« d'un mois à six mois d'emprisonnement... »

Art. 224.

« L'outrage fait par paroles, gestes ou menaces
« à tout officier ministériel ou agent dépositaire de
« la force publique, et à tout citoyen chargé d'un
« ministère de service public, dans l'exercice ou à
« l'occasion de l'exercice de ses fonctions, sera
« puni d'un emprisonnement de six jours à un
« mois, et d'une amende de 16 francs à 200 francs,
« ou de l'une de ces deux peines seulement. »
(*Loi du* 13 *mai* 1863.)

Les art 222 et 223 ont été appliqués par la jurisprudence aux commissaires de police. Il a été
jugé qu'il y a outrage envers eux dans toute ex-

pression manifestant le mépris pour leur personne ou pour leurs actes.

L'art. 224 s'applique aux agents dépositaires de la force publique connus sous le nom de *sergents de ville*.

§ 2. — *Rébellion*

Art. 209.

« Toute attaque, toute résistance avec violence
« et voies de fait envers.... les officiers ou agents
« de la police administrative ou judiciaire, agissant
« pour l'exécution des lois, des ordres ou ordon-
« nances de l'autorité publique, des mandats de
« justice ou jugements, est qualifiée, selon les cir-
« constances, comme crime ou délit de rébellion. »

Art. 210.

« Si la rébellion a été commise par plus de vingt
« personnes armées, les coupables seront punis des
« travaux forcés à temps ; et s'il n'y a pas eu port
« d'armes, ils seront punis de la réclusion. »

Art. 211.

« Si la rébellion a été commise par une réunion
« armée de trois personnes ou plus, jusqu'à vingt
« inclusivement, la peine sera la réclusion ; s'il n'y

« a pas eu port d'armes, la peine sera un emprison-
« nement de six mois au moins et de deux ans au
« plus. »

Art. 212.

« Si la rébellion n'a été commise que par une ou
« deux personnes, avec armes, elle sera punie d'un
« emprisonne ent de six mois à deux ans, et si elle
« a eu lieu sans armes, d'un emprisonnement de six
« jours à six mois. »

Il ne suffit pas pour constituer la rébellion d'une résistance inerte ou passive, il faut une résistance avec violences ou voies de fait, c'est-à-dire l'emploi d'une force matérielle.

On s'est demandé, lors de la discussion de la loi sur les réunions, si on appliquerait à la fois la peine de la loi spéciale et celle de la loi générale au cas où le simple fait de désobéissance se compliquerait du délit d'outrage ou de celui de rébellion. Y aurait-il concours de deux peines différentes pour deux faits qui ne sont pas identiques, il est vrai, mais qui renferment une grande analogie ? Il résulte des explications données par M. Baroche, en réponse aux observations de l'honorable M. Marie, qu'en cas de combinaison du délit spécial, créé par l'art. 10, avec un délit de droit commun, prévu par le code pénal, la peine la plus grave sera seule prononcée.

Mais si le fonctionnaire qui assiste à la réunion s'avisait, comme cela arrive fréquemment à Paris, d'en prononcer la dissolution en dehors des cas prévus par la loi de 1868, c'est à-dire sans que le bureau eût laissé mettre en discussion des questions étrangères à l'ordre du jour, ou sans que l'assemblée fût devenue tumultueuse, y aurait-il lieu, au cas de désobéissance à la réquisition de se disperser, à l'application des peines portées par l'art. 10? Il semble que si le représentant de l'autorité, chargé de faire respecter la loi, est le premier à donner le scandaleux exemple de sa violation flagrante, ce soit pour les citoyens, sinon un devoir, du moins un droit, de résister avec énergie et avec fermeté, quoique avec calme.

Dans tout pays véritablement libre, où personne n'est au-dessus des lois, où les fonctionnaires encourent pour leurs actes une responsabilité réelle, où les agents de l'autorité ne sont que des mandataires, une pareille résistance mériterait à ses auteurs, au lieu d'une répression sévère, de chaleureuses félicitations. Nous nous plaçons, bien entendu, dans l'hypothèse plus ou moins vraisemblable, d'après les errements actuels, où les tribunaux auraient reconnu qu'il n'existait pour le représentant de l'administration aucun motif sérieux et valable de dissoudre la réunion. Eh bien! nous pensons, malgré l'avis contraire d'un certain nombre de jurisconsultes contemporains, plus soucieux de fortifier l'autorité du pouvoir que de défendre la liberté des citoyens, que le refus d'obéir à la réquisition du fonctionnaire délégué serait légal et par suite exclusif de tout délit. Les citoyens seraient, selon nous, dans le cas de légitime défense.

Cette doctrine, qui peut paraître étrange aux fétichistes de l'autorité, n'est pas nouvelle. Les anciens, qui, pour avoir été élevés au sein du paganisme philosophique, n'étaient pas moins soucieux de la dignité humaine et moins scrupuleux observateurs de l'équité que nos modernes docteurs ultramontains, avaient compris que la résistance à l'oppression est toujours légitime.

La loi romaine, qui a mérité d'être appelée la raison écrite, ne s'y est pas trompée. Les jurisconsultes de l'ancienne Rome considéraient la résistance aux agents de la force publique, lorsqu'ils excédaient les limites de leurs pouvoirs, non-seulement comme légitime, mais même comme obligatoire. (L. 5, C. *De jure fisci*.) Les glossateurs Accurse et Farinacius n'ont pas hésité à donner leur entière approbation à cette doctrine virile, si protectrice des droits, de la dignité et de la liberté des citoyens. « L'agent qui excède son pouvoir, dit
« Grotius, n'est plus qu'un simple particulier dont
« il est permis de repousser les violences : son
« acte est un acte de force brutale auquel on peut
« opposer la force elle-même. »

La meilleure raison, à notre sens, pour justifier

le droit de résistance, a été donné par Barbeyrac.
« On ne peut admettre, dit-il, qu'un particulier se
« soit engagé, ou ait dû s'engager nécessairement à
« souffrir tout de ses supérieurs sans jamais oppo-
« ser la force à la force. Si cela était, la condition
« de ceux qui entrent dans quelque société serait,
« sans contredit, plus malheureuse qu'auparavant,
« et rien ne les obligerait à se dépouiller de cette
« liberté matérielle dont chacun est si jaloux. »
Voilà comment était appréciée au milieu des ténèbres
du moyen âge la doctrine aussi immorale qu'anti-
sociale de l'obéissance passive. On la considérait
comme attentatoire au premier chef à la dignité de
l'homme et au droit de citoyen. Quelle est, en effet,
la raison d'être de l'Etat, qui partout représente la
société d'un pays, si ce n'est d'assurer et de garantir la liberté et la sécurité à chaque membre de
cette société ? Ne serait-il pas illogique et contradictoire que la force sociale, confiée dans un but
de protection pour tous, pût être détournée de sa
destination naturelle et sacrée et fût transformée
en instrument d'oppression contre le plus grand
nombre ou contre la minorité ! Un pareil état social,
s'il pouvait exister, ne serait pas de beaucoup préfé-
rable à l'état de nature si vanté par J. J. Rousseau !

Notre ancien droit, qui s'est beaucoup inspiré de
la législation romaine, n'a eu garde de répudier la
doctrine de la résistance légale. Les pères de ceux
auxquels sont dus le mouvement des communes,

les luttes de la réforme et la grande crise de 1789
ne s'inclinaient pas aussi facilement et aussi docilement devant l'oppression. Ils avaient le sentiment
de la justice si profondément gravé au fond de leur
cœur, que chaque explosion avait son retentisse-
ment immédiat dans l'Europe entière. « Il y a
« quelques cas, disait Jousse, où il est permis à
« celui que l'on veut emprisonner de faire résis-
« tance, et cela a lieu principalement lorsque ce-
« lui qui veut arrêter est sans caractère, ou lors-
« qu'ayant caractère, il n'a point les marques de
« son ministère, ou bien lorsqu'il est porteur d'un
« mandement ou décret d'un juge sans caractère,
« ou lorsqu'il a excédé son pouvoir, ou lorsqu'il
« n'a point observé les formes de justice. En effet,
« cette défense est plutôt une défense légitime
« qu'une rébellion. Ainsi, il est permis à celui qu'on
« veut arrêter injustement, non-seulement de résis-
« ter, mais encore d'appeler ses amis et ses voi-
« sins à son secours pour l'aider à se défendre. »
Cela était écrit au lendemain de la mort de Louis XIV,
à la veille de la révolution.

Le code pénal de 1791 (partie 2e, titre 1er, sec-
tion 4, art. 1er) ne punissait les violences et voies
de fait opposées « à tout dépositaire quelconque de
la force publique, » que si ce dépositaire « *agissait
légalement dans l'ordre de ses fonctions.* » La constitution du 24 juin 1793 (art. 11) alla plus loin.
Elle disait expressément : que « tout acte exercé con-

« tre un homme hors des cas et sous les formes que
« la loi détermine, est attentatoire et tyrannique, »
et que « celui contre lequel on voudrait l'exécuter
« par la violence a le droit de le repousser par la
« force. » Cette disposition, outre qu'elle était une
énergique protestation contre les criants abus d'autorité commis par l'ancien régime, constituait une
touchante et virile affirmation de la dignité de
l'homme et du citoyen. L'Etat était alors apprécié à
sa juste valeur ; on n'en faisait pas une sorte de
dieu Moloch auquel il faut tout immoler, suivant
l'outrageante doctrine des modernes théoriciens du
despotisme. Dès la constitution du 5 fructidor
an III, on en revint au code pénal de 1791, qui
resta en vigueur jusqu'à la promulgation du code
pénal de 1810. L'époque était encore trop agitée
pour que les lois et les mœurs de la liberté pussent définitivement s'acclimater en France !

Ce n'était certes pas le premier empire qui, avec
ses théories d'absolutisme, devait reconnaître et
proclamer la dignité humaine. Il exagéra, au contraire, la conception de l'Etat au point de la compromettre très-gravement dans l'esprit des hommes
éclairés et des patriotes dévoués. En constatant ce
résultat, qui devient plus évident de jour en jour,
nous entendons nous en féliciter et non nous en
plaindre. Nous savons, en effet, que le bien naît
souvent de l'excès du mal. L'histoire de France en
fournit de nombreux et mémorab'es exemples.

En rapprochant l'art. 209 du code pénal de 1810, de l'article précité du code pénal de 1791, il est facile de voir que ces articles ont été calqués l'un sur l'autre. Seulement les expressions « *agissant* LÉGALEMENT *dans l'ordre de ses fonctions* » du code de 1791, ont été remplacées par celles-ci du code de 1810 : « agissant pour l'exécution des lois, etc. » Faut-il conclure de cette modification de l'art. 209, de cette suppression du mot « *légalement* », que le nouveau législateur n'a pas entendu reconnaître la résistance comme un droit, et qu'il a entendu, au contraire, considérer l'obéissance comme un devoir ? Les tendances bien connues du premier empire pourraient faire incliner certaines personnes vers l'adoption de cette interprétation. Néanmoins, l'application de cette doctrine entraînerait des conséquences si graves, elle équivaudrait si bien à une confiscation des garanties sociales les plus élémentaires, qu'il n'est pas permis de le supposer et de l'établir en dehors de tout texte, par voie de simple interprétation.

Comment faut-il interpréter le mutisme du code pénal sur ce point ? Le législateur a-t-il entendu s'écarter du droit naturel si énergiquement consacré avant lui ? Il serait difficile de le prétendre. Le législateur n'aurait pas repoussé une doctrine universellement admise et si profondément gravée dans le cœur de tout homme, par la voie d'une simple omission ou d'une simple prétérition. Il est plus raisonnable, plus vraisemblable et plus juridique de supposer, au contraire, que les rédacteurs du code pénal ont trouvé le sentiment de la résistance à un acte notoirement illégal, si naturel et si légitime, qu'ils ont cru superflu de lui donner une sanction légale. Peut-être aussi ont-ils craint que la proclamation par eux d'un principe que l'on n'avait que trop de propension à appliquer, ne parût justifier certaines exagérations, certaines appréciations téméraires, et ont-ils préféré, par cette raison, s'en rapporter à la souveraine appréciation du juge, ne pensant pas que jamais l'idée lui viendrait de fouler aux pieds un droit naturel, inscrit dans la conscience de chacun !

Quoi qu'il en soit, certaines législations modernes, telles que la loi brésilienne et le code de la Louisiane, ont expressément légitimé la résistance à un acte illégal.

Si la loi est quelque chose, la manière dont les tribunaux l'appliquent est davantage encore. Qu'importe une bonne loi, si elle est quotidiennement violée, et s'il n'existe pour les citoyens aucun moyen de la faire respecter de ceux qui sont chargés de l'appliquer !

Au point de vue pratique, l'examen de la jurisprudence ne doit donc jamais être négligé.

La cour de cassation parut d'abord s'arrêter à une interprétation libérale. Dans un arrêt du 16 avril 1812, elle reconnut implicitement, mais, —

nous devons le dire, — avec une certaine timidité,
le droit de résistance à un acte illégal. Cet effort a
dû lui coûter, car elle ne persista pas longtemps
dans sa jurisprudence. Dans la crainte, sans doute,
— crainte peu fondée, selon nous, — d'énerver le
principe d'autorité, elle imagina de couvrir les
agents dépositaires de la force publique, en créant
en leur faveur une présomption, celle qu'ils n'agis-
sent jamais que conformément à la loi. Six arrêts
ont été rendus en ce sens pendant les quinze années de la restauration. Cette étrange doctrine, à
laquelle les faits donnent chaque jour des démentis
aussi nombreux qu'éclatants, a été généralement
combattue par les cours d'appel, telles que celles
de Rouen, Agen, Lyon, Limoges, Amiens, Toulouse,
Riom, Nîmes, Bourges, Douai, etc.

En 1837, la cour de cassation, en présence de
cette résistance obstinée qu'elle rencontrait de la
part de presque toutes les cours d'appel, parut se
raviser et revint à une meilleure appréciation des
droits et de la dignité des citoyens. Elle jugea, par
un arrêt du 8 avril, que la résistance, même avec
violences et menaces, à l'ordre illégal d'un agent
du gouvernement, n'est pas une rébellion punissable. Elle ne considéra plus comme absolument vrai
le principe par elle antérieurement posé, que la résistance aux ordres illégaux serait subversive de
l'ordre public.

« Est-il possible de croire, dit M. Faustin Hélie,

« que la théorie de la résistance mise en vigueur
« pendant des siècles, proclamée par les lois an-
« ciennes, recueillie par les législations modernes,
« enseignée par les plus graves jurisconsultes, soit
« subversive de tout ordre, soit un outrage pour
« la loi elle-même ? Non, la société n'est pas mise
« en péril parce que la loi pose la limite de l'ac-
« tion du pouvoir, parce qu'elle cesse de le proté-
« ger quand il la dépasse, et se livre à des actes
« arbitraires ; non, la loi n'est pas outragée parce
« que les agents chargés de l'exécuter sont mé-
« connus quand ils méconnaissent eux-mêmes
« leur mission. Le péril serait de confondre
« l'abus et le droit et de les couvrir de la même
« protection ; l'outrage de donner provision aux
« actes arbitraires sur la réclamation légale...
« L'agent cesse d'être le représentant de l'autorité
« au moment où il s'écarte de ses fonctions, car
« l'autorité dans un gouvernement constitutionnel,
« c'est la loi, c'est le droit... La présomption de
« légalité doit cesser de couvrir les actes de l'of-
« ficier public quand il se rend coupable d'un excès
« de pouvoir, de la violation flagrante d'un droit : tel
« serait le cas où un agent voudrait, hors le cas de
« flagrant délit et sans mandat, effectuer une arres-
« tation, etc... Dans ces différents cas, l'agent ne
« saurait plus être protégé par ses fonctions, car
« il agit en dehors de ses devoirs ; il ne peut in-
« voquer le titre en vertu duquel il procède, car il

« ne le représente pas... La présomption ne le dé-
« fend donc plus, car l'illégalité est flagrante, car
« cette illégalité prend le caractère d'un délit. »

Il doit être d'autant plus permis de résister à
l'agent dont l'acte est commis en violation de la loi,
que l'art. 75 de la constitution de l'an VIII ne permet pas de poursuivre cet agent devant les tribunaux sans l'autorisation du conseil d'Etat, c'est-à-
dire sans l'autorisation de l'administration elle-
même. S'il en était autrement, ce serait proclamer
que les agents sont infaillibles et irresponsables, et
que les citoyens sont à leur complète discrétion.

Parmi les jurisconsultes qui reconnaissent le
droit des citoyens et qui proclament les devoirs du
gouvernement, nous citerons encore le criminaliste
Carnot. « S'il y a un coupable, dit cet éminent écri-
« vain, n'est-ce pas plutôt celui qui a provoqué la
« résistance ? La punition tardive de l'agent préva-
« ricateur réparera-t-elle le mal qu'il a causé ? Il
« nous semblerait aussi juste que raisonnable de
« ne pas demander à un homme plus qu'il ne peut
« être permis d'attendre de sa faible nature. »

En résumé, malgré un arrêt de la cour de cassation du 29 mars 1855, il nous paraît impossible
que sous l'empire d'une constitution qui « recon-
« naît, confirme et garantit les grands principes
« proclamés en 1789, et qui sont la base du droit
« public des Français », la magistrature de notre
pays ne se montre pas la fidèle interprète d'une

volonté souveraine et la gardienne vigilante des droits et de la dignité des citoyens, et qu'elle ne continue pas, en conséquence, à appliquer une doctrine si conforme au bon sens, à la raison, à l'équité, à la nature. Si, en dépit des engagements les plus solennels, sous le vain prétexte de fortifier l'autorité, on permettait, même aux agents les plus subalternes, de se placer au-dessus des lois, on pourrait dire que les citoyens existent pour la police et non la police pour les citoyens, comme aux plus mauvais temps du Bas-Empire !

PORT D'ARMES APPARENTES OU CACHÉES.

D'après l'article 11, quiconque se présente dans une réunion publique avec des armes, apparentes ou cachées, est puni d'un emprisonnement de un mois à un an et d'une amende de trois cents francs à dix mille francs.

Le fait prévu et puni par cet article, soit qu'on le considère en lui-même, soit surtout qu'on le considère dans ses résultats possibles, a paru à la commission présenter une gravité exceptionnelle. Aussi la peine édictée contre ceux qui s'en rendraient coupables est-elle la plus élevée que contienne la loi du 6 juin.

Personne ne peut songer à blâmer la sévérité de la loi en cette circonstance, seulement il est permis de s'étonner que nos législateurs ne se soient pas montrés logiques jusqu'au bout, et n'aient pas profité de l'occasion pour interdire aux soldats, en même temps qu'aux citoyens, le port d'armes en dehors du service. Il se donne pourtant plus de coups de sabre dans les rues que de coups de poing dans les réunions publiques. Pourquoi cette anomalie ? C'est que, d'après un vieux préjugé monarchique, la raison d'être de l'armée consiste moins dans la protection des citoyens que dans la défense du gouvernement. Il importe peu que les soldats puissent blesser ou massacrer les citoyens ; mais il importe beaucoup que les citoyens ne puissent causer la moindre inquiétude au pouvoir. Ainsi le veulent les traditions d'un pays qui se croit démocratique.

Notre loi ne punit que le simple *port* d'armes. Le fait de se servir d'une arme quelconque constitue, selon les circonstances, un crime ou un délit que réprime le code pénal.

Quelles sont les armes qu'il est défendu de porter dans les réunions publiques ? La loi de 1868 est muette sur ce point. Force est donc de se reporter au droit commun pour rechercher ce qu'il faut juridiquement entendre par le mot *armes*.

L'art. 30 de la loi du 13 floréal an XI, et l'art. 2 de la loi du 19 pluviôse an XII, donnèrent les premiers, sinon la nomenclature exacte, du moins une indication des objets qu'en cas de *contrebande* ou

de *rébellion* on doit mettre au nombre des armes:
« Le délit sera réputé commis avec armes, disent
« ces lois, lorsqu'il aura été fait avec fusils, pisto-
« lets et autres armes à feu, sabres, épées, poi-
« gnards, massues, et généralement avec tous
« instruments tranchants, perçants ou contondants.
« — Ne seront réputés armes les cannes ordinaires,
« sans dard ni ferrement, ni les couteaux fermants
« et servant habituellement aux usages ordinaires
« de la vie. »

Le code pénal de 1810 disposa d'une manière
encore plus générale : « Sont compris dans le mot
« *armes*, dit l'art. 101, toutes machines, tous in-
« struments ou ustensiles tranchants ou conton-
« dants. — Les couteaux et ciseaux de poche, les
« cannes simples ne seront réputés armes qu'au-
« tant qu'il en aura été fait usage pour tuer, bles-
« ser ou frapper. » Dans ce dernier cas, le simple
port ne constitue pas un délit; l'*usage* est nécessaire.

La loi de 1848 *sur les clubs* défendait également
le port des armes apparentes ou cachées, mais pas
plus que la loi de 1868 elle ne définissait le sens du
mot « armes. » Il faut donc s'en rapporter aux lois
précédentes et consulter les monuments de la jurisprudence.

D'après la cour de cassation (arrêts des 30 avril
1824 et 16 février 1832), les « bâtons et les pier-
res » doivent être compris parmi les « instruments

contondants » dont parle l'art. 101 du code pénal. La même cour (20 août 1812) a rangé parmi les « instruments perçants » les « canifs, poinçons, stylets et compas. » Le sens du mot « armes » se trouve ainsi être singulièrement élastique.

Malgré sa rigueur et surtout à cause de sa rigueur, notre article 11 doit être entendu dans un sens raisonnable. Il est évident que si la loi punit d'une manière si sévère le simple port d'une arme quelconque, c'est qu'elle suppose que le citoyen trouvé porteur de cette arme, avait l'intention de s'en servir, le cas échéant. Mais cette sorte de présomption légale devra disparaître devant la preuve contraire. Il n'est pas impossible, en effet, que le porteur d'un instrument réputé légalement « arme » donne au fait de détention entre ses mains de cet instrument, une cause parfaitement inoffensive, parfaitement naturelle et parfaitement légitime. « On « ne saurait prétendre, dit excellemment M. Car- « not sur l'article 101 du code pénal, qu'un cor- « donnier serait un homme armé, parce qu'il se « trouverait porteur de son tranchet, qu'un tonne- « lier le serait, parce qu'il aurait sa doloire sur l'é- « paule, et un coupeur de bois, parce qu'il aurait « sa cognée à la main. » Un ouvrier trouvé porteur d'un des outils de sa profession, ne saurait donc équitablement et légalement être condamné, s'il était en mesure de prouver qu'il ne s'était pas muni de cet outil avec l'intention de s'en servir comme

d'uue arme. Il en serait autrement si le fait prévu
et puni par l'article 11 avait été qualifié par la loi
de *contravention*. Mais en présence d'un texte muet
à ce sujet, l'infraction, d'après les règles du droit
commun, constitue un *délit*, puisqu'elle est punie
de peines correctionnelles. La justification tirée de
la bonne foi est donc parfaitement admissible.

Les cannes et les bâtons ordinaires n'étant pas
de plein droit considérés comme des armes, les représentants de l'autorité n'en peuvent exiger le
dépôt préalable.

Quant aux armes cachées, la simple recherche
par voie de *fouille* ne saurait en être permise aux
agents de la police, si aucune circonstance n'était
venue révéler le port d'une arme. Le flagrant délit
seul pourrait justifier une si grave atteinte à la dignité de la personne et à la liberté de l'individu.
Des soupçons ne suffiraient pas. La cour de Rouen
a décidé en ce sens dans un arrêt rendu sous l'empire, le 17 avril 1859. La cour d'assises a jugé en
outre, par décision du 12 mai 1827, que la résistance avec violences et voies de fait, opposée en
pareille circonstance à des agents dépositaires de
la force publique, ne constituait pas le délit de rébellion.

CIRCONSTANCES ATTÉNUANTES.

L'art. 463 du code pénal sur les circonstances

atténuantes est applicable aux délits et aux contraventions prévus par la loi du 6 juin 1868 (art. 12).

« Nous avons cru, dit l'exposé des motifs, de
« voir laisser aux tribunaux la faculté d'atténuer
« la pénalité par l'application de l'art. 463 du
« code pénal, bien que la plupart des faits qu'elles
« atteignent ne soient qualifiés que de contraven
« tions ; mais nous en avons élevé le *maximum*
« de façon à donner aux juges la possibilité de
« proportionner la répression à la nature et à la
« gravité des faits qui leur seront déférés. Il nous
« a paru nécessaire, à raison des dangers que
« pourrait présenter le droit de réunion, s'il s'écar
« tait de ses limites légales, d'en prévenir les écarts
« par des peines qui, sans être trop rigoureuses,
« soient cependant sérieusement efficaces. »

Dans cette loi, comme dans toutes celles qui ont été édictées à la suite de la trop fameuse lettre du 19 janvier 1867, les législateurs de l'empire ont laissé voir que la liberté, même réglementée, même restreinte, même décapitée, leur inspirait encore d'insurmontables craintes. Ils ont eu moins de confiance dans la sagesse et dans la prudence des citoyens que dans une répression à outrance. Il semble qu'au moment de quitter leur œuvre ils aient été pris comme d'un remords, puisqu'ils ont fini par laisser tout pouvoir à la magistrature de se montrer indulgente ou sévère, selon les cas, selon les circonstances et selon les personnes.

Cette abdication de la loi entre les mains de la magistrature, telle qu'elle est aujourd'hui organisée, avec le système de roulement actuellement en vigueur, nous paraît déplorable, tant au point de vue de la dignité de cette même magistrature, ainsi que l'a un jour solennellement démontré l'illustre Berryer, qu'au point de vue de la sécurité des citoyens. Il aurait mieux valu, à coup sûr, que l'indulgence fût imposée par la loi elle-même que d'être laissée à la discrétion d'hommes qui, pour être juges, n'en sont pas moins soumis à toutes les passions humaines. Les temps de la justice impersonnelle ne sont pas encore arrivés ! Il aurait fallu pour cela que la France fût véritablement maîtresse de ses destinées!

Quoi qu'il en soit, grâce à l'application de l'article 463, les juges « pourront réduire l'emprison-
« nement même au-dessous de six jours et l'amende
« même au-dessous de 16 fr. Ils pourront aussi
« prononcer séparément l'une ou l'autre de ces
« peines et même substituer l'amende à l'emprison-
« nement, sans qu'en aucun cas elle puisse être
« au-dessous des peines de simple police. »

AJOURNEMENT ET INTERDICTION DES RÉUNIONS.

Le préfet de police à Paris, les préfets dans les départements, peuvent *ajourner* toute réunion qui leur paraît de nature à troubler l'ordre et à compromettre la sécurité publique. L'*interdiction* de la réunion ne peut être prononcée que par décision du ministre de l'intérieur (art. 13).

Le système préventif, écarté de l'art. 1er de la loi comme contraire à la véritable liberté, reparaît ici avec éclat. Le législateur reprend d'une main ce qu'il paraissait avoir concédé de l'autre. Nous nous retrouvons en plein sous le régime de l'arbitraire administratif. On peut donc dire que cet art. 13 est le *post-scriptum* de la loi, c'est à-dire la partie où se trouve déposée sa véritable pensée. Jamais pareil escamotage ne s'était vu. Les ennemis du droit de réunion ont rouvert de leu's propres mains la porte du bon plaisir qu'ils voulaient paraître avoir fermée.

A la veille d'une élection mettant en danger la candidature officielle, pour le triomphe de laquelle nos pachas à poigne ne croient devoir reculer devant aucun moyen, un préfet avisé pourra prononcer sans danger l'ajournement d'une réunion, peut-être indispensable au succès de la candidature indépendante. Ces considérations n'ont pas arrêté nos législateurs.

I' est curieux de voir comment ils ont cherché à expliquer cette étrange disposition à l'existence de laquelle on ne voudrait pas croire si le texte de la loi n'était là.

« Cette disposition, dit l'exposé des motifs, n'est

« que l'affirmation des droits incontestables de l'au-
« torité, et nous ajoutons qu'elle est nécessaire
« dans l'intérêt même de la liberté dont nous vous
« proposons de régler l'exercice. La mission de
« l'autorité administrative n'est pas, en effet, de
« réprimer le mal quand il est fait, elle est aussi
« de le prévenir et de l'empêcher, et il n'y a pas de
« liberté, quelle qu'elle soit, qui puisse donner à
« ceux qui l'exercent le droit de suspendre l'ac-
« tion tutélaire et préventive de l'administration
« quand ils menacent ou quelqu'un ou l'intérêt gé-
« néral... Ce n'est pas un droit que l'autorité
« exerce, c'est un devoir impérieux qu'elle remplit
« quand elle empêche le mal de se produire, et ce
« n'est pas entraver la liberté, c'est la défendre
« que d'en prévenir les abus. Les termes mêmes
« de la disposition qui vous est soumise indiquent
« d'ailleurs, que l'administration ne devra en user
« qu'avec une grande réserve, et lorsque son in-
« tervention sera déterminée par des causes sé-
« rieuses et évidentes de désordre. Nous n'enten-
« dons pas lui conférer un pouvoir discrétion-
« naire dont elle puisse abuser pour entraver ou
« supprimer le droit sans encourir aucune res-
« ponsabilité. Les décisions des préfets ajour-
« nant une réunion ne devront être motivées
« que par le seul intérêt de la sécurité publique.
« Elles ne deviendront définitives qu'avec l'appro-
« bation du ministre de l'intérieur, dont la haute

« juri liction, placée au-dessus des préoccupations
« ou des influences locales, offrira toutes les condi-
« tions désirables d'une justice éclairée, modérée
« et impartiale. Et s'il fallait à la liberté une autre
« garantie, elle la trouverait au besoin dans le
« corps législatif lui même, statuant en matière
« électorale lors de la vérification des pouvoirs, ou
« exerçant le droit d'interpellation qu'il tient du dé-
« cret impérial du 19 janvier dernier. »

Ce luxe d'explications trahit de la part des auteurs de la loi, le sentiment de l'esprit réactionnaire qui anime leur œuvre, et contient l'aveu im-
p icite que le droit de réunion est demeuré à la
merci de l'administration. On a beau chercher la
garantie du droit, on ne la rencontre nulle part. Les
antécédents des préfets de l'empire ne sont pas
faits pour inspirer confiance dans leur respect de la
liberté. Rien ne les arrête quand il s'agit du succès
des candidatures officielles. Les recommandations
qui leur sont faites par l'exposé des motifs, ne ren-
contrent la sanction d'aucune responsabilité effec-
tive. La modération et l'impartialité du ministre de
l intérieur nous garantissent, dit-on, contre les
erreurs ou les excès de zèle des préfets. Mais qui
nous garantit la modération et l'impartialité du ministre de l'intérieur, qui est juge dans sa propre
cause, et qui ne dépend que du chef de l'Etat ? Il
n'est pas sérieux ni même spécieux de parler du
corps législatif « statuant en matière électorale

« lois de la vérification des pouvoirs, ou exerçant
« le droit d'interpellation. » Nous savons trop
quelle est l'attitude du corps législatif dans ces
deux cas. Il est impossible que des députés qui
n'ont trouvé l'origine de leur mandat que dans les
candidatures officielles, se montrent bien sévères
contre les moyens employés pour faire triompher
ces candidatures. Il ne faut pas demander à la nature humaine plus qu'elle ne peut donner.

Aussi nous pouvons dire sans crainte d'être démenti que la liberté de réunion n'existe pas, puisqu'en définitive elle est soumise au bon plaisir de
l'administration. Cette vérité peut être contestée en
apparence, afin d'endormir les simples, mais les
intéressés eux-mêmes finissent par la confesser.
Ecoutons en effet le rapport de la commission :

« Cette disposition, dit-il, n'infirme en rien le
« principe de la liberté de réunion ; elle est à nos
« yeux la garantie contre l'abus , la sauvegarde du
« droit. Il n'y a point de liberté, quelle qu'elle soit,
« qui n'ait pour limites les droits ou la liberté d'au-
« trui et la sécurité de tous. Que chacun soit bien
« convaincu que la liberté n'est efficace , n'est du-
« rable que par la modération ; et alors elle pous-
« sera dans notre sol des racines profondes ! *Nous*
« *avons, quant à nous, le formel espoir et la con-*
« *fiance que le gouvernement saura faire un usage*
« *prudent, impartial, mais ferme au besoin, des*
« *droits que l'art. 12 (actuellement art. 13) lui*
« *confère.* »

Il résulte des explications données lors de la discussion, par le ministre de l'intérieur, que les préfets n'ont que le droit d'ajourner provisoirement, soit les réunions publiques non politiques, soit les réunions publiques électorales, et ont le devoir d'en référer immédiatement au ministre, qui seul assume la responsabilité de l'interdiction. Mais il n'y a de garantie efficace et sérieuse que dans la bonne volonté du ministre. Cette garantie est-elle suffisante ? Nous laissons à nos lecteurs le soin de répondre.

A Paris, le préfet de police s'est permis d'ajourner des réunions sans prendre la peine d'en référer au ministre de l'intérieur. Il y a plus ! Pendant plusieurs semaines, au moment des dernières élections, il a systématiquement ajourné toutes les réunions dont la déclaration lui était régulièrement faite. Ce n'est que tardivement qu'on a tenu compte des énergiques et légitimes protestations de l'opinion publique. Le droit d'interpellation est d'un exercice si difficile avec une chambre issue du régime des candidatures officielles ! Cette mince et illusoire garantie disparaît même lorsque la prorogation vient disperser la chambre au lendemain du commencement d'une session !

Les citoyens ne peuvent trouver de remède à cette étrange situation qu'en ayant recours aux *réunions privées* dont nous allons parler dans le chapitre suivant.

Toutes ces conséquences avaient été prévues et annoncées par les honorables députés de la gauche. M. Jules Simon n'avait pas été dupe des protestations de libéralisme de M. Rouher et de ses créatures. Il avait flétri par avance cette conduite ambigüe, contradictoire, indigne des représentants d'une grande nation.

« Oui, disait-il, vous avez douze articles pour
« organiser tant bien que mal une certaine liberté,
« et quand vous l'avez organisée, vous avez un trei-
« zième article qui la détruit. Comment le droit
« d'ajourner, le droit d'interdire, comment cela
« s'appelle-t-il en français? Cela s'appelle le ré-
« gime arbitraire. Il y a cette différence entre l'é-
« tat actuel et celui qui nous est offert, que dans l'état
« actuel il faut que nous allions saluer M. le ministre
« de l'intérieur et que nous lui disions: Ayez la bonté
« de nous permettre d'user de ce droit sacré qui
« nous appartient par cela seul que nous sommes
« des citoyens français ; et que, quand la nouvelle
« loi sera votée, nous userons bravement de notre
« droit comme des gens qui n'ont plus rien à de-
« mander à personne. Nous déposerons notre dé-
« claration, cela suffit pour assurer notre droit.
« Nous rentrons alors chez nous et nous y trouve-
« rons une lettre du préfet ainsi conçue : « J'ajour-
« ne, » et le lendemain nous recevrons un télé-
« gramme ainsi conçu : « J'interdis. » Voilà, mes-
« sieurs, toute la différence. Et, à présent, dites-

« moi, que vous en semble? J'attends de pied fer-
« me celui qui me démontrera que votre art. 13
« n'est pas l'arbitraire en propre personne, et qui
« établira qu'une loi qui se termine ainsi ressemble
« de près ou de loin à la liberté. Je serai charmé
« d'entendre son argmentation ; et j'ose dire que
« ce sera une nouveauté dans l'histoire des raison-
« nements humains. »

M. Jules Simon attend toujours son contradic-
teur. Les Arcadiens eux-mêmes, malgré leur intré-
pidité bien connue en matière de paradoxes, n'ont
pas osé relever le gant.

L'honorable M. Marie a démontré également que
l'art. 13 détruit complétement le système de la loi
et qu'avec cet article la liberté de réunion n'est
plus qu'un mot, une illusion.

« Quant aux réunions publiques, disait-il, on les
« distingue en deux classes. Il y a les réunions pu-
« bliques dans lesquelles on s'occupera de matiè-
« res politiques ou religieuses et, dans ce cas, il
« faudra nécessairement obtenir, comme par le
« passé, l'autorisation préalable du gouvernement.
« Pourquoi ? Parce que ces sortes de réunions sont
« tout d'abord frappées de suspicion, parce que
« l'on prévoit que ces réunions peuvent être dan-
« gereuses.

« Il y a une seconde classe de réunions pu-
« bliques ; elle comprend les réunions publiques
« s'appliquant à d'autres matières qu'aux matières

« politiques ou religieuses ; elle comprend aussi
« les réunions organisées en vue des élections du
« corps législatif, et dans ces dernières, on peut
« parler de politique, on peut parler de religion.
« Pour cette seconde classe de réunions publiques,
« pas de nécessité d'obtenir une autorisation préa-
« lable, pas de mesure préventive qui les entrave.
« Seulement, ceux qui veulent organiser les réu-
« nions ont des formalités à remplir ; ils doivent
« déclarer qu'elles existent, afin d'appeler sur elles
« l'attention et, par conséquent, la surveillance de
« l'autorité. L'autorité surveillera donc ces réu-
« nions, mais celles-ci, comme les précédentes, ne
« seront responsables que de leurs actes, c'est à-
« dire que, lorsqu'elles auront fonctionnné et agi,
« il apparaîtra que l'acte qu'elles auront accompli
« est bon ou mauvais ou indifférent. S'il est mau-
« vais, la justice répressive interviendra et appli-
« quera les pénalités édictées ; s'il est bon ou indif-
« férent, il n'y aura pas lieu à répression. Voilà le
« système que le projet de loi actuel substitue à la
« législation ancienne sur les réunions.

« Maintenant, je suppose la loi votée. Voyons-la
« à l'œuvre : je veux fonder une réunion dans la-
« quelle on s'occupera de matières politiques ou
« religieuses, il me faudra une autorisation préa-
« lable ; je devrai la demander, et je la demanderai
« sous peine de m'exposer aux dispositions répres-
« sives édictées dans le projet de loi. Voilà qui est

« clair. Mais je veux fonder une réunion publique
« dans laquelle on ne s'occupera de matières ni
« politiques ni religieuses, ou dans laquelle on
« s'occupera exclusivement des intérêts électoraux
« qui s'agitent en ce moment, qu'aurais-je à faire ?
« Evidemment, je n'aurai pas besoin d'autorisation
« préalable ; il me suffira de déclarer son existence
« pour appeler sur elle la surveillance du gouver-
« nement ; le gouvernement nommera son fonc-
« tionnaire. Cela fait, et après l'accomplissement
« des formalités que je viens de rappeler, la réu-
« nion que je désire fonder pourra-t-elle entrer en
« action? Pas du tout, à ce moment on m'arrête ;
« l'art. 13 intervient et me dit : M. le préfet oppose
« son *veto*, il ajourne la réunion. Il ne peut que
« l'ajourner, c'est vrai ; mais il en référera au mi-
« nistre de l'intérieur, et celui-ci pourra l'inter-
« dire.

« Chose étrange ! J'ai rempli toutes les forma-
« lités pour avoir la liberté de réunion promise et,
« au moment où la réunion va s'ouvrir, au moment
« où elle va fonctionner, quoi ! elle pourra d'abord
« être ajournée par le *veto* du préfet, ensuite in-
« terdite définitivement, suivant les circonstances,
« par une décision du pouvoir central ! Ainsi donc
« la loi dit, d'un côté: vous pouvez former ces sor-
« tes de réunions sans autorisation, car vous avez
« la liberté de les former ; et elle dit d'un autre
« côté: oui, vous pouvez former ces réunions sans

« autorisation préalable, mais elles pourront être
« arrêtées à l'instant même où elles voudront ou-
« vrir leurs premières séances, par un *veto* du pré-
« fet ou une interdiction du ministre. Quelle diffé-
« rence y a-t-il entre un *veto* qui ferme une réunion
« au moment où elle va s'ouvrir et une autorisa-
« tion préalable sans laquelle elle ne peut avoir
« lieu ? — Il y a cette différence pourtant que dans
« le système nouveau j'aurai dû faire beaucoup de
« démarches pour arriver à déclarer l'existence de
« ma réunion, et que, les démarches faites, la réu-
« nion n'aura cependant pas lieu, tandis que dans
« le système ancien, j'avais, il est vrai, à obtenir
« une autorisation préalable, mais, pour cela, il
« suffisait de m'adresser à l'administration qui,
« immédiatement, accordait ou refusait. Evidem-
« ment, au fond, il n'y a pas de différence sé-
« rieuse. »

Nous n'avons rien à ajouter. Chacun doit être
édifié sur l'avortement de la loi du 6 juin 1868. La
montagne n'a pas même accouché d'une souris.
Qui oserait contester maintenant l'impuissance radi-
cale du tiers-parti ? Au point de vue libéral, la loi
sur les réunions vaut le fameux sénatus-consulte
en discussion et réciproquement.

IV

DES RÉUNIONS PRIVÉES.

Nous avons vu quelles sont les garanties données à la liberté de réunion par la loi du 6 juin 1868.

Non seulement l'administration retient dans ses mains le droit d'*ajournement*, le droit d'*interdiction*, le droit de *dissolution*, mais encore elle tient suspendues sur la tête des *organisateurs*, des *déclarants*, des *propriétaires du local*, des *membres du bureau* et des *orateurs* des peines aussi nombreuses que sévères.

Pour qu'une réunion *non politique* ou *électorale* puisse avoir lieu, il faudra un concours véritablement merveilleux de circonstances favorables.

Il faudra rencontrer : 1° sept citoyens qui ne reculent pas devant la responsabilité de l'organisation d'une réunion ; 2° un local réunissant les conditions exigées par la loi ; 3° un propriétaire consentant à louer ou à prêter son local ; 4° un préfet qui n'ait pas souci de montrer sa *poigne* ; 5° un commissaire de police qui ne bondisse pas à la moindre critique, à la moindre censure, à la moindre allusion, apparente ou réelle, etc. etc.

On le voit, l'exercice du droit de réunion, en vertu de la libérale loi du 6 juin 1868, n'est ni commode ni facile.

Voilà pourquoi un grand nombre de citoyens, qui ne se sont jamais fait la moindre illusion sur l'effet

des promesses du 19 janvier, continuent à s'en
tenir, en fait de réunions, aux bonnes vieilles *réunions privées*.

On s'est demandé si ces sortes de réunions sont
encore libres et permises depuis la loi du 6 juin.
L'importance de cette question résulte des considérations qui précèdent. Non seulement les réunions
privées sont soustraites à l'arbitraire, plus ou moins
éclairé, des préfets et des commissaires de police,
mais encore elles ne sont pas astreintes à se renfer-
mer dans tel ou tel délai, ni à se borner à telle ou
telle « matière », à tel ou tel « objet spécial et déterminé ».

M. Vuitry, ministre présidant le conseil d'Etat,
a bien voulu reconnaître, pendant la discussion de
1865, que les réunions privées ne sont pas interdites *par la loi*.

« Quant aux réunions électorales non publiques,
« disait-il, elles sont *parfaitement* libres. Il appar-
« tient à *tout citoyen*, au moment d'une élection,
« de réunir chez lui, ou dans un local privé AUTRE
« QUE LE SIEN, en *aussi grand nombre qu'il le veut*,
« les électeurs pour s'entendre et se concerter
« avec eux sur le choix qu'ils ont à faire. Il est
« permis au candidat de réunir ses électeurs dans
« un local privé, et, à la condition de ne pas alté-
« rer ce caractère de réunion non publique, s'il
« veut se mettre en relation avec les électeurs dont
« il sollicite le suffrage, il est permis, dis-je, à ce

« candidat, *librement, sans intervention de l'admi-*
« *nistration, sans l'intervention de l'autorité,* de
« faire des réunions électorales préparatoires. »

Aucun doute, sauf la jurisprudence nouvelle de
la cour de cassation, ne peut s'élever sur la netteté
et sur la franchise de cette déclaration du gouvernement.

Lors de la discussion de la loi de 1868, M.
Rouher, ministre d'Etat, ne fut pas moins formel. A
l'honorable M. Millon, qui demandait si le droit
d'ajournement conféré aux préfets par l'art. 13
s'appliquait aux réunions privées, il répondit tex-
tuellement :

« L'art. 13 ne s'applique *exclusivement* qu'aux
« réunions publiques; il ne peut, à *aucun degré*,
« toucher à la vie privée, aux réunions privées,
« qui sont affranchies de toute intervention de l'au-
« torité publique supérieure. »

Toutes ces déclarations officielles sont formelles;
mais autre chose est la théorie, autre chose est la
pratique; autre chose sont les paroles, autre chose
sont les actes.

Il est curieux et affligeant à la fois de voir dans
quel cercle étroit les commissaires de police, en-
couragés par les cours et les tribunaux, ont renfermé
le domicile privé.

Voyons donc quel est, à l'heure présente, l'état
de la jurisprudence sur la question qui nous occupe. Nous remarquerons bien vite que les agisse-

ments de l'administration sont très-éloignés de respecter le domicile privé qui, de l'aveu de tous, doit être aussi sacré et aussi inviolable que la personne même.

Il est d'abord entendu que le caractère d'une réunion ne tient pas au caractère du local où cette réunion a lieu. C'est ce que M. le ministre d'Etat a reconnu en ces termes :

« Une réunion publique peut avoir lieu dans un « domicile privé, de même qu'une réunion privée « peut se tenir dans un local public. »

Comment reconnaître une réunion privée d'une réunion publique ?

D'après la cour de Nîmes, AFFAIRE LACY GUYON (arrêt du 13 novembre 1868), « l'indice le plus « sûr pour reconnaître la réunion privée, c'est *le* « *lien d'une invitation expresse entre l'auteur de la* « *réunion et ses hôtes.* »

Dans la même affaire, la cour de cassation (arrêt du 7 janvier 1869) a déclaré que la réunion avait été publique :

1° Parce qu'elle s'était tenue dans « un vaste en- « trepôt ou magasin, ouvrant sur la voie publique « par une large *porte*, dont l'un des deux battants « est resté *constamment ouvert*. »

2° Parce que « le *nombre des personnes* admi- « ses *dépassait* notablement *le chiffre des cartes* « *distribuées*. »

3° Parce qu'enfin, « parmi les membres de la

« réunion une partie a pu librement y pénétrer,
« *sans invitation verbale ou écrite émanée des pré-*
« *venus.* »

Le tribunal d'Alais, AFFAIRE DE LARCY, par un jugement du 7 septembre 1868, confirmé par un
arrêt de la cour de Nîmes du 27 novembre suivant,
a jugé que la réunion était publique :

1º Parce que les *cartes* avaient été *données au
hasard ;*

2º Parce que *deux personnes* étaient entrées
avec la même carte ;

3º Parce que la *représentation des cartes* n'était
pas *exigée à la porte.*

Dans la même affaire, la cour de cassation, à la
date du 9 janvier 1869, a rendu un arrêt auquel
nous croyons devoir faire les emprunts suivants :

« La cour,

« Attendu que si les réunions tenues en la de-
« meure des citoyens sont des *réunions privées* et
« participent de l'*inviolabilité* du domicile, ce n'est
« qu'autant que L'ACCÈS EN EST SÉRIEUSEMENT INTERDIT
« AU PUBLIC ;

« Que le domicile perd son caractère privé, ainsi
« que les réunions qui s'y tiennent, *dès qu'il est ou-*
« *vert au public.........*

« Attendu, en fait...

« Que les cartes imprimées, préparées pour con-
« vier à la réunion du 30 juillet, ont été distribuées

« non seulement à domicile, celles-ci presque tou-
« tes *sans adresse*, mais encore sur la *voie publi-*
« *que* ;

« Qu'il en a été délivré *plusieurs à la fois* à des
« personnes *seules* qui les ont ensuite remises elles-
« mêmes *à qui bon leur a semblé* ;

« Qu'il en a encore été distribué *à la porte de*
« *l'habitation* du prévenu à *quiconque* s'est pré-
« senté pour en demander ;

« Que *plusieurs* personnes ont été admises à la
« réunion avec une carte *unique* ;

« Et qu'enfin un assez grand nombre d'autres
« personnes, qui n'en étaient pas munies, se sont
« *librement introduites* dans ladite habitation et
« ont assisté à cette même réunion.....

« Attendu, en ce qui concerne la réunion tenue
« à St-Ambroise dans le local loué ou prêté à de
« Saubert-Larcy......

« *Qu'aucune invitation écrite* à la main ou impri-
« mée n'avait même été adressée aux deux cents
« ou deux cent cinquante personnes environ qui
« y ont pris part ;

« *Qu'aucun contrôle* n'a été exercé à l'entrée du-
« dit local ;

« Et que le public y a pu accéder *librement*.....

« Que c'est vainement que le prévenu qui, en
« qualité d'organisateur, devait prendre toutes les
« mesures pour ne pas contrevenir à la loi, a dé-
« claré, lorsque la réunion était déjà formée et que

« le pub'ic s'y était librement introduit, « que les
« personnes présentes pouvaient se considérer
« comme invitées ; » qu'une telle déclaration ne
« saurait couvrir la contravention à la loi, qui était
« commise ; qu'elle ne peut être, de même que les
« invitations distribuées à Alais, qu'un moyen ima-
« giné pour éluder la loi sur les réunions publiques ;

« Attendu que les infractions prévues par l'art. 9
« de la loi du 6 juin 1868 constituant des *contra-*
« *ventions*, l'intention coupable n'est pas exigée
« pour les caractériser ;

« Que le domicile privé, où se tient une réunion,
« peut perdre son caractère non-seulement par la
« volonté de l'organisateur, qui, avec intention, y
« laisse pénétrer le public, mais encore par la
« simple faute dudit organisateur, s'il n'a pas pris
« toutes les précautions nécessaires pour lui en in-
« terdire l'accès, et que le public s'y est intro-
« duit. . . . .

« Rejette le pourvoi. »

Les tribunaux de première instance de Nîmes,
Auch et Lesparre étaient allés plus loin que la cour
de Nîmes et que la cour de cassation.

Ainsi, le tribunal de Nîmes voyait des circonstances caractéristiques de la pub'icité dans le fait que
« la réunion avait eu lieu dans un local d'emprunt »
et dans cet autre fait, que les appelés à la réunion
« n'étaient pas en rapport avec les habitudes et la
« position du promoteur de l'assemblée. »

Le tribunal d'Auch n'est pas éloigné de partager la même opinion.

« Attendu, porte le jugement, que la loi serait
« trop facilement éludée s'il devait suffire, pour im-
« primer à une réunion le caractère privé, de lancer
« ou de faire distribuer des cartes d'invitation à
« tous les électeurs connus et inconnus de l'orga-
« nisateur de la réunion, et de recevoir ensuite
« dans les dépendances de son domaine privé un
« nombre illimité d'individus avec lesquels l'amphy-
« trion *n'aurait d'autres liens que ceux établis par*
« les cartes d'invitation. »

Le tribunal de Lesparre a déclarée publique une réunion :

1º Parce que tous les électeurs d'un canton avaient été convoqués ;

2º Parce que la distribution des cartes d'invitation avait été faite par des tiers et en b'anc à des inconnus comme à des amis ;

3º Parce que les frais de la réunion avaient été supportés par les invités présents.

Ces étranges doctrines, inspirées par des préoccupations puériles, rétrogrades, inquisitoriales et anti-démocratiques, n'ont pas obtenu le moindre succès, même auprès des autres tribunaux de l'empire.

La magistrature ne peut avoir la prétention de fixer ni le nombre ni la position sociale des amis qu'un citoyen peut recevoir. Ce sont là des questions du domaine intime qui échappent et qui doivent toujours échapper à son appréciation, du moins dans tout pays qui veut passer pour civilisé.

Il est hors de doute, en résumé, qu'une réunion restera *privée*, d'après une jurisprudence qui paraît aujourd'hui acquise, quels que soient le local où elle se tiendra et le nombre des personnes convoquées, si les conditions suivantes sont réalisées :

1° Invitation personnelle et nominative par lettre ou carte, écrite ou imprimée, des citoyens, électeurs ou non, dont on désire la présence ;

2° Distribution des invitations personnelles et nominatives, par la poste ou autrement, pourvu que ces invitations portent le nom et l'adresse des destinataires ;

3° Impossibilité d'entrer à la réunion sans lettre ou carte délivrée dans les conditions ci-dessus ;

4° Clôture du local de la réunion de manière à ce que du dehors on ne puisse ni pénétrer sans lettre ou carte, ni entendre les conversations ou les discours.

Telles sont les précautions que devront prendre les citoyens, tant que subsistera la législation inquiète qui nous régit, pour discuter avec leurs amis ou avec leurs concitoyens, même au sein de leur domicile privé, les questions politiques sociales, électorales ou autres, qui peuvent les intéresser. En dehors de la tolérance administrative, organisée par la loi du 6 juin 1868, le suffrage universel ne possède pas d'autre droit , pour exercer en connaissance de cause et avec indépendance sa souveraineté — encore plus nominale que réelle — que celui des réunions privées !

RÉUNIONS

Loi du 6 juin 1868.

Des réunions publiques non politiques.

ARTICLE PREMIER. — Les réunions publiques peuvent avoir lieu sans autorisation préalable, sous les conditions prescrites par les articles suivants. Toutefois, les réunions publiques ayant pour objet de traiter de matières politiques ou religieuses continuent à être soumises à cette autorisation.

ART. 2. — Chaque réunion doit être précédée d'une déclaration signée par sept personnes domiciliées dans la commune où elle doit avoir lieu et jouissant de leurs droits civils et politiques.

Cette déclaration indique les noms, qualités et domiciles des déclarants, le local, le jour et l'heure de la séance, ainsi que l'objet spécial et déterminé de la réunion.

Elle est remise, à Paris, au préfet de police; dans les départements, au préfet ou au sous-préfet.

Il en est donné immédiatement un récépissé, qui doit être représenté à toute réquisition des agents de l'autorité.

La réunion ne peut avoir lieu que trois jours francs après la délivrance du récépissé.

ART. 3. — Une réunion ne peut être tenue que dans un local clos et couvert; elle ne peut se prolonger au delà de l'heure fixée par l'autorité compétente pour la fermeture des lieux publics.

Art. 4. — Chaque réunion doit avoir un bureau composé d'un président et de deux assesseurs au moins, qui sont chargés de maintenir l'ordre dans l'assemblée et d'empêcher toute infraction aux lois.

Les membres du bureau ne doivent tolérer la discussion d'aucune question étrangère à l'objet de la réunion.

Art. 5. — Un fonctionnaire de l'ordre judiciaire ou administratif, délégué par l'administration, peut assister à la séance.

Il doit être revêtu de ses insignes et prend une place à son choix.

Art. 6. — Le fonctionnaire qui assiste à la réunion a le droit d'en prononcer la dissolution : 1° si le bureau, bien qu'averti, laisse mettre en discussion des questions étrangères à l'objet de la réunion ; 2° si la réunion devient tumultueuse.

Les personnes réunies sont tenues de se séparer à la première réquisition.

Le délégué dresse procès-verbal des faits et le transmet à l'autorité compétente.

Art. 7. — Il n'est pas dérogé par les art. 5 et 6 aux droits qui appartiennent aux maires en vertu des lois existantes.

Des réunions publiques électorales.

Art. 8. — Des réunions électorales peuvent être tenues à partir de la promulgation du décret de convocation d'un collége pour l'élection d'un député au Corps législatif, jusqu'au cinquième jour avant celui fixé pour l'ouverture du scrutin.

Ne peuvent assister à cette réunion que les électeurs de la circonscription électorale et les candidats qui ont rempli les formalités prescrites par l'art. 1er du sénatus-consulte du 17 février 1858.

Ils doivent, pour y être admis, faire connaître leurs nom, qualité et domicile.

La réunion ne peut avoir lieu qu'un jour franc après la délivrance du récépissé qui doit suivre immédiatement la déclaration.

Toutes les autres prescriptions des articles 2, 3, 4, 5 et 6 sont applicables aux réunions électorales.

Dispositions générales.

ART. 9. — Toute infraction aux prescriptions des art. 2, 3 et 4, et des §§ 1, 2 et 4 de l'art. 8, constitue une contravention punie d'une amende de 100 fr. à 3,000 fr. et d'un emprisonnement de six jours à six mois.

Sont passibles de ces peines :

1º Ceux qui ont fait une déclaration ne remplissant pas les conditions prescrites par l'article 2, si cette déclaration a été suivie d'une réunion ;

2º Ceux qui ont prêté ou loué le local pour une réunion, si la déclaration n'a pas été faite, ou si le local n'est pas conforme aux prescriptions de l'art. 3;

3º Les membres du bureau, ou, si aucun bureau n'a été formé, les organisateurs de la réunion, en cas d'infraction aux art. 2, 3, 4 et 8, §§ 1 et 4;

4º Ceux qui se sont introduits dans une réunion électorale en contravention au deuxième paragraphe de l'art. 8.

Sans préjudice des poursuites qui peuvent être exercées pour tous crimes ou délits commis dans ces réunions publiques et de l'application des dispositions pénales relatives aux associations ou réunions non autorisées.

Art. 10. — Tout membre du bureau ou de l'assemblée qui n'obéit pas à la réquisition faite à la réunion par le représentant de l'autorité d'avoir à se disperser, est puni d'une amende de 300 fr. à 6,000 fr. et d'un emprisonnement de quinze jours à un an, sans préjudice des peines portées par le Code pénal pour résistance, désobéissance et autres manquements envers l'autorité publique.

Art. 11. — Quiconque se présente dans une réunion avec des armes apparentes ou cachées est puni d'un emprisonnement de un mois à un an et d'une amende de 300 fr. à 10,000 fr.

Art. 12. — L'art. 463 du Code pénal est applicable aux délits et aux contraventions prévus par la présente loi.

Art. 13. — Le préfet de police à Paris, les préfets dans les départements, peuvent ajourner toute réunion qui leur paraît de nature à troubler l'ordre et à compromettre la sécurité publique.

L'interdiction de la réunion ne peut être prononcée que par décision du ministre de l'intérieur.

Art. 14. — Sont abrogés les lois et décrets antérieurs, en ce qu'ils ont de contraire à la présente loi.

TABLE DES MATIÈRES

CHAPITRE Ier.

CHAPITRE II.

CHAPITRE IV.

Impr. Ve Chanoine, Lyon.